本项目为2021年成都哲学社会科学规划项目成果，项

单位小组式纠纷解决机制：

基于法律经济学的视角

DANWEI XIAOZUSHI JIUFEN
JIEJUE JIZHI:
JIYU FALÜ JINGJIXUE DE SHIJIAO

米传振 • 著

四川大学出版社
SICHUAN UNIVERSITY PRESS

图书在版编目（CIP）数据

单位小组式纠纷解决机制：基于法律经济学的视角 /
米传振著. — 成都：四川大学出版社，2022.6
　　ISBN 978-7-5690-5514-6

　　Ⅰ. ①单… Ⅱ. ①米… Ⅲ. ①调解（诉讼法）－研究－
中国 Ⅳ. ① D925.114.4

中国版本图书馆 CIP 数据核字（2022）第 107730 号

书　　名：单位小组式纠纷解决机制：基于法律经济学的视角
　　　　　Danwei Xiaozushi Jiufen Jiejue Jizhi: Jiyu Falü Jingjixue de Shijiao
著　　者：米传振

选题策划：梁　平
责任编辑：王　静
责任校对：周维彬
装帧设计：璞信文化
责任印制：王　炜

出版发行：四川大学出版社有限责任公司
　　　　　地址：成都市一环路南一段 24 号（610065）
　　　　　电话：（028）85408311（发行部）、85400276（总编室）
　　　　　电子邮箱：scupress@vip.163.com
　　　　　网址：https://press.scu.edu.cn
印前制作：四川胜翔数码印务设计有限公司
印刷装订：四川五洲彩印有限责任公司

成品尺寸：170 mm×240 mm
印　　张：7.75
字　　数：160 千字

版　　次：2022 年 7 月 第 1 版
印　　次：2022 年 7 月 第 1 次印刷
定　　价：48.00 元

本社图书如有印装质量问题，请联系发行部调换

四川大学出版社
微信公众号

前　　言

　　诉讼法学学者一般认为民事纠纷处理机制包括私力救济、社会救济和公力救济三种。部分诉讼法学者把民事纠纷解决分为私力救济和公力救济。所谓私力救济，又称自我保护，指权利受到侵害时，权利人得在法律规定的范围内，采取自我保护措施，自行救济受侵害的权利。公力救济指权利人通过法定程序请求国家对其权利进行保护。现代社会，当民事主体的权益受到侵害时，以公力救济为原则，但在有些紧急情况下，如不及时制止或躲避侵害，不仅会使权利人无从实现权利，还有扩大势态的可能，影响社会秩序。所以，民事主体可在一定限度内进行私力救济，包括自卫行为和自助行为。社会救济指国家和社会对陷入生活困境的社会成员给予物质接济和扶助，以保障其最低生活标准的制度。在纠纷解决学中，社会救济介于公力救济和私力救济之间，包括仲裁、调解等。本书认为单位小组式纠纷解决机制属于私力救济。

　　近几年，一些事业单位、大型公司会设立临时小组应对投诉，设立小组处理投诉纠纷成为一种解决纠纷的代表性机制。本书提炼了"单位小组式纠纷解决机制"这一概念：当投诉方和被投诉方之间存在某种纠纷，投诉方未选择向法院提出诉讼、向公安机关报案等公力救济，也未选择调解或仲裁等社会救济，而是向被投诉方所属单位直接投诉或通过新闻媒体和互联网社交平台曝光纠纷；被投诉方所属单位会成立临时小组调查纠纷事实真相并依小组调查结论解决该纠纷。"单位小组式纠纷解决机制"在现实生活中被广泛应用，研究该机制既具实践意义又有学术价值。

　　本书通过多方动态博弈的模型分析发现，单位小组式纠纷解决机制展示了投诉方、被投诉方及被投诉方所属单位三方之间动态博弈的过程。社会大众可

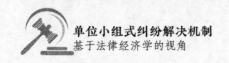

能基于被投诉方的违法犯罪行为对被投诉方所属单位实施声誉罚[①]。投诉方通过新闻媒体曝光能在短时间内引发社会大众的强烈关注，这增加了被投诉方所属单位遭受声誉罚的概率。被投诉方所属单位惧怕遭受声誉罚不得不积极应对投诉，这是投诉方选择向被投诉方所在单位投诉的根本原因。通过新闻媒体、互联网社交平台等曝光投诉的博弈策略对投诉方运用修辞术、新闻媒体的能力有着十分苛刻的要求。并非人人都能掌握恰当表达的修辞方式和运用新闻媒体和互联网社交平台的能力，投诉行为能否引发社会舆论的强烈关注是不确定的。因此，被投诉方所属单位会视情况相机而动：当被投诉方所属单位的主管部门压力大或舆论关注度高，社会大众极有可能对该单位实施连带责任惩罚时，该单位会积极应对；否则，被投诉方所属单位可能会消极处理。由于高等院校、公立医院、大型公司等单位并非专业的纠纷解决机构，其正常职能并非处理纠纷，其内部可能未专门设置处理投诉的部门，因此，这些单位可能选择成立跨部门的临时小组处理投诉。运用单位小组式纠纷解决机制能高效化解纠纷，这一效率优势对投诉方和被投诉方所属单位均有吸引力。

实践中，被投诉方所属单位往往将解决纠纷的组织命名为"某某小组"，但也不排除例外。较之小组，委员会也是常态化的组织形式。笔者认为相关单位将处理纠纷的组织命名为小组还是委员会并没有本质区别。被投诉方所属单位运用单位小组式纠纷解决机制的主要目的是处理纠纷、平息舆情。单位小组式纠纷解决机制的解决纠纷主体是各式各样的单位，这些单位不具有专业性；单位小组式纠纷解决机制既不属于协商，也不属于调解，亦不属于典型的第三方裁决，它的特征体现为解决纠纷主体的非职业化、第三方的非中立性、程序上的非正式性、解决纠纷规范的多元性、耗费成本低等，它的效力不以纠纷双方当事人之间的合意为基础。公力救济、社会救济、私力救济等救济方式共同构成了一个隐形的"纠纷解决市场"，人们在这个市场上"用脚投票"（vote by foot）。单位小组式纠纷解决机制并非公力救济，它的广泛应用表明，它与公力救济之间可能存在一定竞争关系。单位小组式纠纷解决机制是一种多元化纠纷解决机制，是"纠纷解决市场"自然形成的"自发秩序"，而非国家有意

---

① 行政机关有权力对相对人进行声誉罚，但是，声誉罚不只有行政机关能实施。本书所使用的声誉罚是指大众对相关单位（主要是被投诉方所属单位）进行声誉上的贬损、贬低、负面评价，这种声誉罚和行政机关实施的声誉罚不同。大众对相关单位进行声誉上的贬损是他们自发进行、主动实施的，行政机关是基于其法定职责对相对人进行声誉罚。在学术研究中，声誉罚也指大多数普通人对相关主体进行的声誉上的处罚。吴元元：《信息基础、声誉机制与执法优化——食品安全治理的新视野》，《中国社会科学》，2012年第6期，第115～133，207～208页。

设计的结果，这使得单位小组式纠纷解决机制具有明显的私力救济属性。由于单位小组式纠纷解决机制的正常运行必然包含公权力因素，且公力救济难以解决社会上发生的所有纠纷，单位小组式纠纷解决机制实际上是公力救济的有益补充。

单位小组式纠纷解决机制既有其优势也有其不足。单位小组式纠纷解决机制有以下诸多优点：便利沟通科层组织，高效迅速解决投诉纠纷，威慑潜在的同类型违法犯罪行为，减轻公检法机关的办案压力，节约司法资源，避免或减少相关单位的损失。同时，单位小组式纠纷解决机制在实际运行中也暴露了一些缺陷：被投诉方所属单位及其成立的小组可能不具备解决纠纷的专业能力，小组缺乏外部约束，解决纠纷过程缺乏透明度，有较为苛刻的适用条件，小组的功能局限于解决纠纷而非预防纠纷，可能缩小公力救济的合法领域。

本书提出了单位小组式纠纷解决机制的完善措施：单位成立的小组应当具有代表性，小组的成员应代表不同利益的群体；单位及其成立的小组应当依法对投诉纠纷的事实真相进行调查，详细公开小组的工作过程，依照法律法规和事实真相对投诉纠纷做出处理；由于投诉内容既有民事纠纷也有刑事犯罪，公权力机关应当对单位小组式纠纷解决机制的运行过程进行监督，并保留介入纠纷的权力；增强单位小组式纠纷解决机制的预防功能；为了避免单位小组式纠纷解决机制缩小公力救济的合法领地，为了让两者在"纠纷解决市场"中形成有效竞争，应当明确当事人有权直接寻求公力救济，向当事人主动提供寻求公权力救济的途径。

目　　录

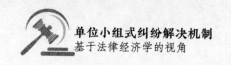

第一章　导论

第一节　研究对象：单位小组式纠纷解决机制

一些事业单位、大型公司通过设立调查小组或工作小组解决纠纷的社会现象较为突出，且呈现较为密集的趋势。这些单位往往会成立一个临时小组处理突发的纠纷。以"调查小组""工作小组""联合调查组"为关键词在互联网进行搜索可以发现大量案例。本书研究的相关单位以设立临时小组的方式解决了很多突发纠纷，这些纠纷具有一定的普遍性，纠纷种类也呈现了类型化的特征。

鉴于诸多事业单位、大型公司以临时设立的小组应对突发纠纷的现象逐渐增多并且发展为一种具有代表性的解决纠纷的机制，笔者从相关案例的解决过程中提炼了"单位小组式纠纷解决机制"这一学术概念。由于单位小组式纠纷解决机制在现实社会中出现频率很高且化解了一些纠纷，因此，有必要从学术视角对其展开深入研究，这一研究具有重要理论意义和现实意义。

一、单位设立小组解决突发纠纷

我们在报道中经常看到许多单位以临时设立调查小组、工作小组的形式化解了一些纠纷。例如，某大学毕业生被投诉学位论文涉嫌抄袭，相关学校一般会向外界表示要立即成立专门的工作小组开展调查并根据该小组的调查结果依法依规处理投诉，紧接着相关学校的具体处理结果可能是澄清事实真相或处理违规者。在师德师风纠纷中，相关学校往往表示已经在第一时间成立工作组展开调查，暂停涉事人员工作，并在查明相关投诉属实后对涉事人员做出相应处置，相关单位以设立临时小组的方式化解了相关纠纷。

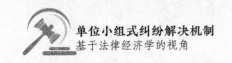

通过成立临时小组应对纠纷的案例并非仅见于高等院校，而是相关单位如大型公司应对纠纷的普遍性操作。大型互联网公司会成立专门的事件小组处理与其公司、高管、员工等相关的舆情，相关例子不胜枚举。近几年，不法分子在酒店、出租屋、商场等场所非法安装隐蔽摄像头偷拍的新闻层出不穷。在受害者报警投诉涉事商家后，涉事商家往往会向外界表示高度重视此事，在第一时间成立工作组处理纠纷，并积极配合相关部门展开调查工作。

在投诉抄袭案例中，单位设立临时小组解决纠纷的情形十分常见。当事人投诉某人抄袭仅仅是一个公共事件而非法律纠纷，笔者认为这一观点是站不住脚的。纠纷是特定的主体基于利益冲突而产生的一种对抗行为。笔者将涉嫌抄袭、学术不端认定为法律纠纷的依据，若抄袭行为属实，则此行为已经侵犯了被抄袭者的知识产权。此外，抄袭行为还可能对权利人包括知识产权在内的其他正当权利造成不利影响。试想，甲大规模抄袭了乙的作品而不进行澄清、道歉、赔偿等，很有可能致使不明真相的人误以为是乙抄袭了甲，真正的权利人乙的声誉遭到贬损。波斯纳发现，引证现象在专利、报纸、杂志、学术书籍、司法意见中普遍存在，学术界已经形成了本行业内通行的引证规范和习惯。[①]抄袭行为违反了学术界通行的引证规范和行业习惯。因此，一方当事人投诉另一方当事人抄袭已经表明双方当事人之间存在法律纠纷，该投诉不仅是一个公共事件，还是一个法律纠纷。由于这类纠纷公开报道十分常见，笔者在此就没有将相关纠纷一一列出。综上所述，高等院校、大型公司等单位均会成立临时小组处理突发的投诉纠纷。

在时间点上，尽管在此前的新闻报道中也有类似纠纷，但是，相关单位成立小组解决突发投诉纠纷的案例在近几年表现得十分集中和突出。为什么这类纠纷在近年里频频发生？这背后的发生逻辑和形成机制是什么？本书将对这些问题进行合理解答。相关单位设立小组解决投诉纠纷的现象频发，这些社会现象值得人们从学术角度关注。除此之外，各级政府机构及不同的政府机构之间也会成立联合调查组、专门调查组等应对突发事件，这类新闻报道也很多。笔者对单位小组式纠纷解决机制的分析既适用于高等院校、大型公司，也适用于政府机构，但又各具特征。为了便于行文，笔者主要分析大型公司等单位成立小组解决突发纠纷的情形，各级政府机构及不同政府机构之间成立小组应对突发事件的情形不是本书的主要研究对象。

---

① 波斯纳：《法律理论的前沿》，武欣、凌斌译，中国政法大学出版社，2002年，第444页。

二、什么是单位小组式纠纷解决机制?

相关单位成立调查小组、工作小组参与纠纷解决的相关案例,在纠纷类型上亦呈现出规律性。简单归纳相关案例后,这些纠纷主要包括学术不端、性骚扰、医患冲突、侵犯隐私、贪污公款等;这些案例牵涉的纠纷类型涵盖涉嫌侵犯他人知识产权、涉嫌侵犯他人人格尊严、涉嫌侵犯他人性自主权、涉嫌侵犯他人生命健康和安全权、涉嫌侵犯他人隐私权、涉嫌贪污罪、涉嫌诈骗罪及故意伤害罪等。

在现实社会,单位设立临时组织机构解决纠纷的一个重要领域还包括了引发社会舆论重点关注的校园欺凌和校园暴力。为了治理全国范围内较为严重的中小学生欺凌现象,教育部联合其他十一部门制定了《加强中小学生欺凌综合治理方案》(教督〔2017〕10 号)。根据该方案,各学校应当成立由校长负责和由教师、辅导员等人员组成的学生欺凌治理委员会。该方案指出,学生欺凌事件的处理以学校为主,由学生欺凌治理委员会对事件是否属于欺凌进行认定;由县级防治学生欺凌工作部门组织学校代表、家长代表、校外专家等组成调查小组对欺凌事件的申诉请求启动复查。该方案出台后,全国各地成立了不少学生欺凌治理委员会。校园欺凌、校园暴力可交由该校的学生欺凌治理委员会治理。相关单位以处理纠纷为主要功能的委员会同样属于本书的研究范围,后文将详细解释其具体原因。

本书的分析对象是单位小组式纠纷解决机制。本书的关注点不是校园欺凌、论文抄袭、性骚扰等具体的社会现象,而是从这一系列纠纷的爆发、发展、解决、平息的过程中提炼出具有理论意义的研究对象:单位小组式纠纷解决机制。提炼出"单位小组式纠纷解决机制"这一学术概念的主要目的是与学者进行对话。那么,什么是单位小组式纠纷解决机制?

首先,什么是单位小组式纠纷解决机制中的"小组"?

本书将某单位为解决纠纷而设立名称不一的组织机构统称为"小组"。相关单位为了解决纠纷而设立的组织机构包括各式各样的小组或委员会,在多数情况下,这些组织机构是为了解决纠纷而临时设立的。不论是为了查清被投诉人是否存在论文抄袭、贪污公款、诈骗等违法犯罪行为,还是调查被投诉人是否对投诉人存在性骚扰乃至性侵等违法行为,相关单位设立的临时小组均在这些相关纠纷的解决过程中发挥了重要作用,而涉事单位会表示将十分重视该纠纷,并成立小组开展调查、处理纠纷。本书将某单位为解决纠纷而临时设立的

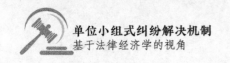

工作组、调查小组、工作小组、专门工作组、专门工作调查组、专项工作组、专项调查小组、专项工作调查组、事件处理小组、联合调查组等不同称谓的组织形式统一称为"小组"。

其次，什么是单位小组式纠纷解决机制中的"单位"？

在本书中，"单位"一词泛指社会上的各类组织。运用单位小组式纠纷解决机制的主体往往是某个单位。为了便于行文，本书将通过成立小组解决突发纠纷的学校、公司等各类社会组织统称为"单位"。"单位"一词在日常生活中的使用频率很高，在法律规范中也广泛出现。比如，根据我国最新实施的《中华人民共和国民法典》，民事主体包括自然人、法人和非法人组织，而法人之中的非营利法人就包括了事业单位法人。但是，不论是在日常生活中，还是在法律规范中，"单位"一词的涵盖范围均不限于事业单位法人，而是泛指各类社会组织。比如，《中华人民共和国刑法》规定了"单位犯罪"，《中华人民共和国刑法》第三十条规定："公司、企业、事业单位、机关、团体实施的危害社会的行为，法律规定为单位犯罪的，应当负刑事责任。"可见，公司、企业、事业单位、机关、团体均是犯罪的主体，它们均可被纳入"单位"的范围之内。另据《民办非企业单位登记管理暂行条例》（1998 年 10 月 25 日国务院令第 251 号发布），非国有资产举办的从事非营利性社会服务活动的社会组织被称作民办非企业单位。总之，"单位"一词在我国的内涵十分丰富，可以涵盖各类社会组织。

法学界亦有文章关注到了企业单位制[①]，在早期的研究中，学者路风认为"一切微观社会组织都是单位"，"单位"是我国特有的一种社会组织形式，其雏形可以追溯至革命根据地的救济、社会和文教组织。[②] 田毅鹏、刘杰将单位社会的酝酿探索定位于 1948 年共产党人在东北地区开展的城市社会管理体制。[③] 单位制度还和街居制度一起实现了国家对基层社会的单位化、组织化，城市成为一个单位化社会。"社会"被"单位化"，尽管单位制在中国经历了出现、膨胀、式微的动态变化过程，但是，单位这种组织形式并未从我们的生活中退场，依然是存在于社会观念中的、我国特有的一种组织形式。[④] 与马克

① 周游：《企业单位制变迁理路的厘清与反思》，《清华法学》，2018 年第 12 卷第 3 期，第 170～185 页。

② 路风：《单位：一种特殊的社会组织形式》，《中国社会科学》，1989 年第 1 期，第 71～88 页。

③ 田毅鹏、刘杰："单位社会"历史地位的再评价》，《学习与探索》，2010 年第 4 期，第 41～46 页。

④ 杨丽萍：《从非单位到单位——上海非单位人群组织化研究（1949—1962）》，华东师范大学博士学位论文，2006 年，第 1～2 页。

斯·韦伯提出的团体为个人的信用背书的"社会印章"理论类似，现实社会中的单位实际上为隶属于该特定单位的个人提供了信用背书，单位与隶属于该单位的个人之间形成了管理与被管理的关系。由于单位与个人之间存在普遍的管理与服从、控制与依赖的社会关系①，当出现针对隶属于某一单位的个人的投诉、指控等纠纷时，该单位出于多种因素考量不得不出面解决该纠纷。本书的目的之一是找出影响单位成立小组应对投诉纠纷的决定性变量。总之，本书将通过成立小组解决突发性纠纷的各类社会组织均统称为"单位"是合理的，为了便于行文笔者统一使用"单位"一词。

再次，单位小组式纠纷解决机制化解的纠纷主要是投诉纠纷，这些纠纷往往以投诉的形式公开。那么，何为"投诉纠纷"？

纠纷是特定主体之间基于利益冲突而产生的一种对抗行为，所谓投诉纠纷是指当事人在自认为其权利受到不法侵害时没有诉诸公力救济，而是向侵害其权利的当事人所属单位进行投诉。投诉纠纷首先是一种纠纷，是投诉方与被投诉方存在基于利益冲突而产生的某种对抗。相对于其他纠纷，投诉纠纷的特质为通过投诉方向被投诉方所属单位进行投诉。投诉的方式是多样化的，投诉的途径亦是多种多样的。一般而言，被投诉方所属单位没有直接侵害投诉方的利益，投诉方与被投诉方之间存在以下矛盾：投诉方自认为其正当权利受到了被投诉方的侵害，而被投诉方不认可投诉方的主张、诉求。投诉方的投诉行为将被投诉方所属单位强行拉入双方纠纷之中，直接体现了投诉方与被投诉方之间的利益对抗。

最后，单位小组式纠纷解决机制解决的纠纷往往表现突发性特征。这些突发纠纷大多数是通过媒体报道等方式在短时间内吸引了社会大众的关注。当事人的投诉方式丰富多样：或是通过互联网电子邮件向被投诉方所属单位投诉，或是通过互联网社交平台公开纠纷，或是直接诉诸新闻媒体；投诉方或实名或匿名或委托第三人转为递交投诉信。投诉行为在短时间内吸引了社会大众的注意力，被投诉方所属单位迅速成立小组处理投诉。在功能上，相关单位均声称设立小组的目的是调查事实真相，这类小组发挥了处理、化解突发纠纷的实际效果。甚至在一些明显涉嫌刑事犯罪的案件中，被投诉方所属单位依然能在纠纷的解决过程发挥主导作用，从而使突发纠纷未进入司法程序。

单位小组式纠纷解决机制包含以下共同要素：一是在双方当事人之间存在

---

① 林劲松：《司法审判中单位证明现象的法社会学分析》，《浙江大学学报（人文社会科学版）》，2011年第41卷第5期，第118~126页。

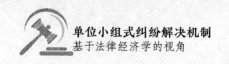

着某种纠纷，当事人认为自己的正当权益受到了对方的不法侵害。二是自认为正当权益受损的当事人（以下简称"投诉方"）未向人民法院、检察机关、公安机关、监察机关等寻求公力救济，亦未选择仲裁、调解等社会救济，而是采取向另一方当事人（以下简称"被投诉方"）所属的单位进行投诉或控诉。与此同时，为了吸引公众的关注，投诉方也可能通过新闻媒体和互联网社交平台公开纠纷。三是被投诉方隶属的单位（以下简称"被投诉方所属单位"）为了免于被牵连，迅速成立调查纠纷事实真相的小组，并依据调查结论对被投诉方做出处理。在一般情况下被投诉方所属单位不应当是责任主体，而是一种基于自发机制产生的惩罚。[①] 尽管投诉方没有主动选择司法诉讼或者其他公力救济形式，但是，单位小组式纠纷解决机制并非法外之地，在一些运用单位小组式纠纷解决机制的现实纠纷中，相关单位和公权力机关共同参与解决纠纷。

综上所述，单位小组式纠纷解决机制是指某个单位在面对投诉方提出的、针对本单位所属人员的纠纷时，成立小组调查该纠纷事实真相，并依据该小组的调查结论处理、解决纠纷的机制。从被投诉方所属单位的视角看，当投诉方和被投诉方之间存在某种纠纷，投诉方未选择向法院诉讼而是向被投诉方所属单位投诉，该单位为了处理该突发纠纷成立一个临时小组调查纠纷事实真相。本书把某一单位为了解决投诉方与被投诉方之间的突发性纠纷，而通过设立小组调查纠纷真相并化解纠纷的实践操作称为单位小组式纠纷解决机制。鉴于单位小组式纠纷解决机制的广泛应用，笔者认为有必要从学术角度对单位小组式纠纷解决机制进行深入剖析。

三、界定"小组"：本书所分析的小组类型

前文笔者将某单位为解决突发纠纷而临时设立名称各异的组织形式笼统地称为"小组"。那么，本书所分析的"小组"到底是什么？

在单位小组式纠纷解决机制中，小组的主要功能是调查纠纷真相并化解纠纷。尽管小组在法学研究和经济学研究中并不是一个常见的分析范畴，但是，小组这种组织形式在日常生活中屡见不鲜。在国家层面，中央先后设立了各类中央领导小组，这些中央领导小组往往发挥着议事协调机构的作用。单位小组式纠纷解决机制中的小组与中央领导小组有着重大区别。在单位小组式纠纷解

---

① 张维迎、邓峰：《信息、激励与连带责任——对中国古代连坐、保甲制度的法和经济学解释》，《中国社会科学》，2003 年第 3 期，第 99~112，207 页。

决机制中，小组的主要功能是调查纠纷的真相，并尽快化解纠纷、平息舆情；中央领导小组虽是议事协调机构，运行较为稳定，而单位小组式纠纷解决机制中的小组往往因处理纠纷而设立，具有较为明显的临时性，待解决投诉纠纷后该小组即不复存在。本书并不排除在特定情况下，一些单位会成立常态化的、纠纷解决功能的小组。实际上，一个组织机构是临时机构还是常设机构和它处理的事务是否稳定、常态有密切的联系。笔者将在后文分析当纠纷频发时，临时设立的小组会逐渐演化为常设组织。处理某类事务的需求逐渐增长使得对处理该类事务的临时性组织的需求也增加了，该临时性组织变得常态化。同样，某类投诉纠纷频发有可能使得为处理该类纠纷而临时设立的调查小组、工作小组逐渐常态化、稳定化，并最终演变成常设机构。因此，各类具有议事协调机构作用的领导小组并不具有解决投诉纠纷的功能，不在本书的研究范围之内。

　　单位小组式纠纷解决机制中的"小组"不包含各级政府机关为了完成特定工作、开展特定任务、履行特定职能、应对突发事件而设立的各类政治性小组。在特定时间段内，党和政府为了开展某项特定工作或某项特定任务也可能设立某工作领导小组或联合调查组。比如，为了加强对省部级领导和领导干部的监督，中央相关部门组建了中央巡视工作领导小组。再比如，为了打好污染防治攻坚战，中央在各地开展了生态环保督查工作，而各地方为了迎接各项检查工作设立了临时工作小组或联合调查组。以上各级政府机关为了完成特定工作、履行特定职能设立的小组主要是基于政府机关本身的职责要求。由于这些小组在功能上和设立依据上与具有解决纠纷功能的小组迥然不同，因此，政府机关为了完成特定工作、履行特定职能而设立的小组也不是本书的研究对象。

　　此外，小组工作法是社会工作的专业方法之一，小组工作法强调小组成员可以通过一些活动建立联系，借助互动发挥潜能。小组是社会工作者帮助个人成长和发展的主要工具，是个人与他人建立关系的手段，它在建设一个紧密关联、充满活力的社会中发挥重要作用，能帮助个人实现社会化。显然，这一类开展社会工作的小组不是被单位用来调查纠纷事实真相、解决突发纠纷的小组，因此它们也不属于本书的研究对象。

第二节　问题引入：为什么关注单位小组式纠纷解决机制？

　　各类单位成立小组处理突发纠纷的案例在增加，单位小组式纠纷解决机制

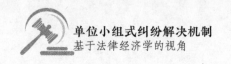
在现实生活中发挥了愈发重要的作用。本小节将回答本书为什么关注单位小组式纠纷解决机制，研究单位小组式纠纷解决机制具有什么实践意义和学术意义。

一、研究单位小组式纠纷解决机制的实践意义

单位小组式纠纷解决机制无疑是具有中国本土特色的纠纷解决机制。单位小组式纠纷解决机制在现实生活中得到了广泛、成熟的应用。鉴于此，研究单位小组式纠纷解决机制的实践意义是不证自明的。毋庸置疑，对单位小组式纠纷解决机制的深入研究能够为相关单位在遭遇类似突发纠纷时提供借鉴作用。前文提到一些单位运用单位小组式纠纷解决机制成功化解突发投诉纠纷，然而，在现实社会中，一些单位在遭遇类似突发投诉纠纷时不能应对自如，更不必说稳妥地化解投诉纠纷了。相关单位不能有效应对突发投诉纠纷的例子不胜枚举。从学术角度分析单位小组式纠纷解决机制的发生逻辑、作用机制、比较优势、存在短板能引导相关单位有效运用和改善该机制。

此外，笔者发现类似纠纷的处理结果之间存在较大差异：有的单位能够运用单位小组式纠纷解决机制化解纠纷，但效果并不令人满意；有的单位通过运用单位小组式纠纷解决机制，不仅能使单位的危险处境转危为安，而且能够为本单位赢得透明、公开、公正等正面支持。相关单位成立工作组接待投诉方及其家属，积极配合公安、司法部门的工作，还原事实真相，依法依规处理投诉。由此可见，一些单位运用单位小组式纠纷解决机制的能力不尽相同，有的单位能通过单位小组式纠纷解决机制转危为安。有的单位运用单位小组式纠纷解决机制的实际效果不佳，甚至引发社会大众对该单位自身公正性的进一步质疑乃至指责。

可见，不同单位对单位小组式纠纷解决机制的运用能力是不同的，其效果更是差异悬殊，对单位小组式纠纷解决机制的深入研究能够为相关单位在遭遇突发纠纷时提供积极指导，帮助相关单位提高解决纠纷的能力。

二、研究单位小组式纠纷解决机制的学术意义

本书运用法律经济学研究方法对多元纠纷解决机制进行探索。法律经济学，也叫"法经济学""法和经济学"，是一个交叉学科。因此，本书会从经济学和法学相关理论角度对单位小组式纠纷解决机制进行深刻而全面的探究。

"密纳发的猫头鹰要等黄昏到来，才会起飞。"① 在解决纠纷这一社会现实问题的研究上，学术研究对社会现实问题的回应过于迟滞。单位小组式纠纷解决机制在近些年被频繁、广泛应用，却未受到学术研究的重视。对于单位小组式纠纷解决机制的逻辑，学术研究尚未能给出合理解释，也未能从学理角度对其进行深刻而全面的分析。单位小组式纠纷解决机制在现实社会中的广泛应用与其在法学理论界极为有限的关注度之间是不对称的。因此，本书有必要从学术角度对单位小组式纠纷解决机制进行深刻剖析。

本书主要运用动态博弈研究方法分析了单位小组式纠纷解决机制的逻辑。范愉等发现，解决纠纷的相关研究超越了传统法学的方法和视角。② 解决纠纷应该融会贯通各种社会科学研究方法与传统法学方法，形成以解决纠纷为中心，整合包括法学、经济学等在内的多学科的知识体系。③ 笔者亦主张运用交叉学科的方法切入解决纠纷的过程。本书运用了非市场行为经济学的进路，从"纠纷解决市场"切入单位小组式纠纷解决机制，分析了单位小组式纠纷解决机制在"纠纷解决市场"中的位置与作用、与其他救济方式之间的关系等问题。从实际效果看，单位小组式纠纷解决机制与公力救济之间形成了一定的竞争关系。社会中难免存在各类纠纷，只有有效解决这些纠纷，才能使社会稳定。国家和社会也会提出不同的解决方案。因此，各式各样的纠纷解决方式实际上构成了一个隐形的"纠纷解决市场"。

近年来，包括国内法学界学者在内的众多学者逐渐开始接受非市场行为经济学的思路。波斯纳认为在某些纠纷解决领域，"私人裁断还是可以同公共裁断展开有效竞争"④。桑本谦从市场的观点出发提出，提高司法公信力的一个方案是在法院系统内部引入竞争机制或者在法院系统外部建立竞争性纠纷处理机构。⑤ 笔者认为公力救济、社会救济、私力救济共同构成了一个隐形的"纠纷解决市场"。尽管公力救济因其合法性而在"纠纷解决市场"中处于主导性地位，各种救济方式之间并非处于微观经济学中"完全竞争市场"意义上的完全竞争状态⑥，但无论如何，单位小组式纠纷解决机制的广泛应用已经表明各

---

① 黑格尔：《法哲学原理：或自然法和国家学纲要》，范扬、张企泰译，商务印书馆，2017 年，第 16 页。

② 范愉、李浩：《纠纷解决：理论、制度与技能》，清华大学出版社，2010 年，第 7 页。

③ 范愉：《非诉讼程序（ADR）教程（第四版）》，中国人民大学出版社，2020 年，第 39 页。

④ 波斯纳：《超越法律》，苏力译，中国政法大学出版社，2001 年，第 133 页。

⑤ 桑本谦：《理论法学的迷雾：以轰动案例为素材（第二版）》，法律出版社，2015 年，第 48 页。

⑥ 韦伯：《学术与政治：韦伯的两篇演说（第三版）》，冯克利译，生活·读书·新知三联书店，2013 年，第 119 页。

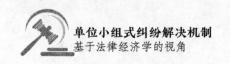

种救济方式在"纠纷解决市场"上形成了实质上的竞争关系。"完全竞争市场"这个概念很接近马克斯·韦伯所说的"理想类型"或"纯粹类型",其功能在于为人们观察和分析现实世界提供一个参照系。因此,我们应当清醒地认识到"完全竞争市场"只是一个理论分析工具,现实世界并不存在真正的完全竞争市场。笔者从马克斯·韦伯"理想类型"的意义上运用"纠纷解决市场"这一概念,因此笔者对公力救济、社会救济、私力救济与单位小组式纠纷解决机制之间处于何种状态的讨论是有现实意义和理论意义的。

虽然笔者难以获得本书提到的各类投诉纠纷通过司法途径胜诉的概率及该类型案件通过向单位投诉获得支持的概率的数据,但是,根据经济学的显示性偏好理论[①],众多当事人选择向某一单位投诉或曝光该纠纷就已表明:相对于通过向法院诉讼,人们在解决纠纷的过程中更偏好向单位投诉。以司法诉讼为代表的公力救济在涉及某些特定类型纠纷的"纠纷解决市场"上没有明显的优势或没有发挥其声称的优势。当事人在"纠纷解决市场"上"用脚投票",没有"消费"或者"购买"国家提供的法定产品(向司法机关等公权力机关寻求公力救济),而是向被投诉方所属单位投诉或通过新闻媒体扩大其投诉行为的影响力。这意味着单位小组式纠纷解决机制与公力救济之间相互竞争,后文将对这一观点进行详细论证。

综上所述,单位小组式纠纷解决机制在"纠纷解决市场"解决了相当一部分纠纷,这意味着对单位小组式纠纷解决机制的深入研究是十分有必要的。对单位小组式纠纷解决机制的深入分析至少应包含以下几个方面:单位小组式纠纷解决机制在近几年表现较为突出的原因是什么?单位小组式纠纷解决机制的逻辑是什么?单位小组式纠纷解决机制在现有的"纠纷解决市场"中处于什么样的位置?单位小组式纠纷解决机制有哪些适用前提条件?单位小组式纠纷解决机制与公力救济、社会救济、多元化纠纷解决机制之间是何种关系?单位小组式纠纷解决机制如何扬长避短、更好地发挥作用?

第三节　研究方法

本书的主要研究方法是动态博弈模型和非市场行为经济学。

---

① 显示性偏好理论的基本含义是消费者在一定价格条件下的购买行为暴露了或显示了他内在的偏好倾向,可以根据消费者的购买行为来推测消费者的偏好。

第一，本书以博弈论为主要研究方法阐述了投诉方和被投诉方所属单位之间的动态博弈过程。在本书所研究的纠纷中均由投诉方率先行动。投诉方通过传统媒体、互联网社交平台、信件等方式对被投诉方涉嫌违法犯罪的行为进行投诉或曝光，而被投诉方和被投诉方所属单位往往是在该投诉发生之后才选择应对该投诉纠纷的具体策略。投诉活动存在先后顺序：投诉方的先一步行动直接触发了纠纷，而被投诉方及被投诉方所属单位在投诉发生后再选择应对策略，博弈论研究人的行动策略之间的相互依存性，特别适合分析当事人行动上存在的先后顺序的纠纷。

随着博弈进程的推进，投诉方将根据被投诉方所属单位对被投诉方的处理结果是否结束该投诉或控诉，这是一个动态博弈的典型案例。为了便于运用博弈论探究单位小组式纠纷解决机制的逻辑，笔者假定各博弈参与人之间的信息状态是完全信息。本书构建了投诉方、被投诉方、被投诉方所属单位两两之间的动态博弈模型，设定各博弈参与人的策略、收益、行动顺序并找出了相应博弈的子博弈完美纳什均衡。可见，运用完全信息动态博弈的模型对单位小组式纠纷解决机制中的各参与人之间的博弈过程进行分析是可行的、合理的。

第二，本书还沿着非市场行为经济学的思路，将各类不同的纠纷解决方式看成"纠纷解决市场"上的不同"生产厂商"提供的"产品"，从"纠纷解决市场"的角度探究了单位小组式纠纷解决机制在该市场中的位置和作用。为了满足解决不同类型纠纷的需求，国家和社会必定会"生产"出不同的纠纷解决方式，这些不同的纠纷解决方式即"纠纷解决市场"上的不同"生产厂商"提供的"产品"。"纠纷解决市场""生产"出了多样化的"产品"以满足社会的需求。社会大众是"纠纷解决市场"所"生产"的各种不同的纠纷解决方式的"消费者"，可以"用脚投票"。

第四节　创新点

本书从相关单位解决投诉纠纷的过程中提炼了"单位小组式纠纷解决机制"这一概念，运用博弈论对单位小组式纠纷解决机制中主要参与人之间的博弈过程进行了分析，探索了该机制在"纠纷解决市场"中的位置，分析了单位小组式纠纷解决机制的比较优势和现存问题，提出了改善该机制的相关措施。笔者认为本书的创新点主要有以下三个方面。

创新点一：诸多单位设立小组应对、化解投诉纠纷的现象逐渐增多，单位

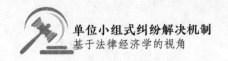

设立小组化解投诉纠纷成为一种具有代表性的解决纠纷机制。本书提炼了"单位小组式纠纷解决机制"这一学术概念，并界定了单位小组式纠纷解决机制的内涵。前文论述表明，对该纠纷解决机制的研究具有重要的理论意义和现实意义。在研究对象方面，本书在学术界首次提出了"单位小组式纠纷解决机制"的概念，这有利于学者就该研究对象展开学术对话和讨论。

创新点二：在研究方法上，本书运用了多方动态博弈模型对单位小组式纠纷解决机制中的主要参与人之间的博弈过程进行分析，着重阐述了投诉方及被投诉方所属单位的策略选择和应对。本书发现单位小组式纠纷解决机制是投诉方、被投诉方、被投诉方所属单位三方博弈的结果。本书分析了单位小组式纠纷解决机制的逻辑，发现该机制能起作用的根本原因在于声誉罚。

创新点三：在研究视角上，本书沿着非市场行为经济学的进路，从"纠纷解决市场"的视角切入单位小组式纠纷解决机制。公力救济、社会救济、私力救济共同构成了一个隐形的"纠纷解决市场"。本书探索了单位小组式纠纷解决机制在"纠纷解决市场"中的位置，分析了单位小组式纠纷解决机制与公力救济之间的关系，阐述了单位小组式纠纷解决机制在纠纷解决中呈现出的兼具公权力因素和私力救济的二元属性。

第五节　对相关研究的文献综述

对相关研究进行文献综述对笔者深入了解单位小组式纠纷解决机制有启发意义和借鉴作用。朱景文发现在改革开放之前，人们通过其所在的单位、居委会、村委会解决纠纷；如果纠纷发生在隶属不同单位的当事人之间，则该纠纷往往通过双方的主管部门解决，法院在解决纠纷中的作用十分有限。[1] 本书发现随着改革开放的力度逐步扩大和法制建设的进一步完善，单位并未在纠纷解决过程中消失；相反，单位依然在纠纷解决过程中发挥着重要作用。为了应对投诉，相关单位成立小组是一种普遍性操作，单位小组式纠纷解决机制已成为一种应对突发纠纷的典型机制。因此，研究单位小组式纠纷解决机制具有重要意义。

首先，相关单位面对突发事件成立应急指挥机构与面对突发纠纷而成立调

---

① 朱景文：《中国法治道路的探索——以纠纷解决的正规化和非正规化为视角》，《法学》，2009年第21卷第7期，第3～21页。

查纠纷的工作小组、调查小组等，这两种操作在反应机制上是一致的、相通的。本书所讨论的投诉纠纷往往具有突发性，可以被称为突发纠纷。但是，单位小组式纠纷解决机制的适用对象并不只是突发纠纷。突发纠纷并非法律意义上的突发事件，突发纠纷是指投诉方通过各种途径向被投诉方所属单位开展的投诉或控诉。由于纠纷的突发性，该投诉短时间内引起了社会大众的关注和讨论，而被投诉方所属单位如果不能有效处置该投诉则很可能面临声誉上的连带责任等后果。突发事件主要指《中华人民共和国突发事件应对法》第三条规定的公共卫生事件和社会安全事件等。① 有学者研究了应对非常规突发性事件的应急指挥组织，发现各级政府的应急部门采用了官僚制结构，会商小组采用了任务小组结构，现场指挥部采用了项目小组结构。② 可见，小组是应急性组织的常见形式。虽然突发性纠纷不等于突发性事件，但是，相关单位面对可能引发不利后果的突发事件而成立应急指挥机构，与相关单位面对可能产生不利影响的突发纠纷而成立调查小组，这两者在反应机制上具有相通之处。比如，有研究指出为了应对突发事件扰乱高校正常的教学科研秩序甚至威胁学校师生身体健康和生命安全的问题，高校应当建立和完善危机运营小组机制③，但是该研究中的突发事件同样指的是非典疫情等公共卫生事件，与《中华人民共和国突发事件应对法》对突发事件的理解并无二致。这显然是因为 2002 年至 2003 年暴发的非典疫情引发了人们对应对突发公共卫生事件的思考，然而这一关于应对突发事件设立应急指挥组织机构的研究未能继续深入，而是随着时间流逝逐渐减少。

笔者认为突发投诉纠纷和突发性事件并非同一事物。面对可能产生不利后果的重大突发性事件，相关单位可能会成立应急指挥机构；面对可能产生不利影响（比如名誉被诋毁）的投诉纠纷，相关单位可能会成立临时小组。成立临时性组织应对突发状况是以上两种反应机制的相通之处。反应机制上的相通之处对于本书分析单位小组式纠纷解决机制的逻辑具有启示意义。总体上，鉴于

① 《中华人民共和国突发事件应对法》第三条："本法所称突发事件，是指突然发生，造成或者可能造成严重社会危害，需要采取应急处置措施予以应对的自然灾害、事故灾难、公共卫生事件和社会安全事件。按照社会危害程度、影响范围等因素，自然灾害、事故灾难、公共卫生事件分为特别重大、重大、较大和一般四级。法律、行政法规或者国务院另有规定的，从其规定。突发事件的分级标准由国务院或者国务院确定的部门制定。"

② 刘丹、王红卫、祁超等：《非常规突发事件应急指挥组织结构研究》，《中国安全科学学报》，2011 年第 21 卷第 7 期，第 163~170 页。

③ 娄钰华、李生校：《高校危机管理策论——一个模型分析》，《中国高等医学教育》，2006 年第 9 期，第 22~25 页。

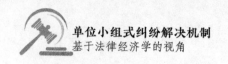

突发性事件和纠纷指向的对象差异很大，突发性事件并非本书所讨论的突发性纠纷，为应对突发性事件而设立应急指挥组织和本书所关注的为解决突发纠纷而设立小组之间仍有较大不同。

其次，国际社会相关领域的实践经验可能也对我们认识单位小组式纠纷解决机制具有一定的启发意义和借鉴作用。相关研究表明，小组作为一种解决争端或纠纷的组织形式，其明显的优点是耗时短、效率高，能够大大节约双方的时间成本。在国际社会，小组也是具有代表性的解决纠纷、参与调查的组织形式。比如，欧盟为了通过加强联合侦察侦破某些严重犯罪案件成立了欧盟联合侦察小组。有学者认为，欧盟联合侦察小组是加强欧盟成员国之间刑事事务协作的工具。尽管设立该联合侦察小组也产生了侦查权与国家主权关系等矛盾或问题，但是，不可否认的是欧盟联合侦察小组也有分享信息等益处。① 单位小组式纠纷解决机制可能会处理一些涉及性骚扰的投诉纠纷，而相关研究发现，在美国，性骚扰案件的纠纷解决机制包括单位内部纠纷解决机制、行政申诉程序和民事诉讼。单位内部的性骚扰纠纷解决机制要求单位发布禁止工作场所性骚扰的书面声明，并设置内部申诉渠道。② 还有学者发现有的高等院校设立专门的纠纷解决机构解决某些纠纷。比如，美国普林斯顿大学的纠纷处理规则体系鼓励通过谈话、调解、和解等非正式途径解决涉及歧视、学术等纠纷，为此，该校还设置了司法委员会等专门的纠纷解决机构。③ 自 20 世纪 60 年代以来，美国的许多私法组织和政府之外的机构开始创设监察专员，并形成了数量众多的"组织监察专员"。实践中，监察专员适用于大学、监狱、护理等众多领域，监察专员的主要功能是解决内部产生的民怨与诉求。美国的组织监察专员制度具有纠纷解决、权利救济等功能。④ 在国际贸易、国际工程领域，成立专家小组解决争端、纠纷也是一种具有代表性的做法。比如，在世界贸易组织争端解决机制中，专家小组对小组成员有明确且严格的任职资格限制，专家小组的成员必须符合经历丰富、经验宽广的要求。⑤ 国际工程界的争端解决方式——争议评审小组通常由一位至三位建造业专业人士组成，争议评审小组能够在短时间内提出书面且有拘束力的解决方案，该争端解决机制的主要特点是

---

① 肖军：《博弈与妥协——欧盟联合侦查小组：理论、法律与实践问题探究》，《犯罪研究》，2012 年第 4 期，第 92~102 页。

② 骆东平：《美国性骚扰纠纷解决机制研究》，《环球法律评论》，2010 年第 1 期，第 83~90 页。

③ 王慧：《美国高校纠纷解决机制及相关的启示——以普林斯顿大学为例》，《江苏高教》，2014 年第 6 期，第 153~155 页。

④ 韩春晖：《美国组织监察专员制度及其启示》，《法商研究》，2013 年第 6 期，第 139~147 页。

⑤ 田丰：《WTO 争端解决机制的效率》，《世界经济与政治》，2006 年第 8 期，第 74~80，6 页。

专业、灵活、迅速。① 争议评审小组在强调中立性的同时提高了效率，这已在国内建设工程领域得到应用。②

最后，从效果上看，为了尽快解决纠纷就必须打破该机构的科层制划分，相关单位设立一个跨部门的小组能够起到便利沟通不同科层部门的作用。在体育纠纷领域、教育纠纷领域，相关单位往往在其内部设立特定的委员会、小组等机构解决相关纠纷，而这种实践操作与本书所研究的单位小组式纠纷解决机制的运行过程具有一致性。绝大多数体育纠纷在体育组织的内部得到解决。比如，各单项运动协会往往会成立专门小组主持听证会再对体育纠纷做出处理决定；对于体育协会内部无法解决的纠纷，运动员可以提交上一级运动委员会，只有在体育组织内部协调未果时，该体育纠纷才可以向体育组织外寻求外部解决。③ 有研究者建议在体育协会内部，依照"处罚—申诉—执行"的逻辑设置纪律委员会、申诉委员会和执行委员会等体育协会内部纠纷解决机构。④ 在教育纠纷领域涉及学生申诉的相关事项中，非诉讼纠纷解决机制被大量使用。比如，《北京师范大学学生申诉管理办法》第十九条规定，学生申诉复查小组认为确有必要时，可决定组织听证会。⑤ 教育部在 2005 年通过的《普通高等学校学生管理规定》第六十条规定，高校校内学生申诉制度是处理学生与校方特别争议的专门机制，学生申诉处理委员会由学校负责人、职能部门负责人、教师代表、学生代表组成。⑥ 可见，在体育纠纷领域、教育纠纷领域，某单位往往在其内部设立特定的委员会、小组等解决相关纠纷，而这种操作与单位小组式纠纷解决机制具有一致性。

除了法学，政治学、管理学领域的学者也对小组这种组织形式有研究。政治学和管理学对小组的研究，特别是对政治小组的相关研究发现小组是一种具有普遍性的组织形式，在政府机构中广泛存在各类小组。较早的研究认为设置

---

① 付红、徐田柏、马长明等：《DAB 在解决争端中的作用探析》，《北京工业大学学报》，2004 年第 30 卷第 3 期，第 314～317 页。

② 王纯科、王颖：《新版施工合同争议评审制度的研究》，《吉林建筑大学学报》，2015 年第 32 卷第 1 期，第 91～93 页。

③ 李耀磊、尚荣敏：《体育纠纷解决途径研究》，《河北法学》，2018 年第 36 卷第 7 期，第 186～192 页。

④ 胡伟、程亚萍：《法社会学视阈下的体育纠纷解决机制研究》，《北京体育大学学报》，2013 年第 36 卷第 1 期，第 25～29 页。

⑤ 申素平、陈瑶：《论非诉讼纠纷解决机制及其在我国教育领域的适用》，《中国高教研究》，2017 年第 1 期，第 64～69 页。

⑥ 范愉等：《多元化纠纷解决机制与和谐社会的构建》，经济科学出版社，2011 年，第 270～311 页。

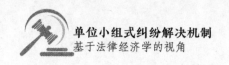

小组"对于解决或完成临时的，但又带有综合性、正式常设机构无力独自完成或解决的问题及任务"[①]有积极作用。有研究将小组分为常设型小组、阶段型小组和短期型小组[②]，其中，为应对重大自然灾害、突发事件或工程项目、开展专项整治活动、迎接检查评比等设置的短期型小组在运作模式上最接近本书探讨的小组。二者的区别在于，设立短期型小组的单位是政府机关，该短期型小组的主要功能是解决或完成临时性、综合性问题或任务，其小组成员可能来自该政府机关的不同部门；而本书讨论的小组的功能是解决突发的投诉纠纷，其工作内容是调查纠纷事实真相，设立该小组的单位主要是高等院校、大型公司等。小组是一个沟通科层制治理和运动式治理的重要工具，这一研究发现对于本书研究相关单位为解决突发纠纷而临时设立的小组富有启示意义。无疑，"突发任务型领导小组"与本书所关注的小组在功能上有一定相似性。[③]在单位小组式纠纷解决机制中，小组的功能就是回应、处理投诉方的投诉，而为了尽快解决纠纷就必须打破该单位的科层制划分，设立一个跨部门的调查小组能够发挥沟通不同科层部门的作用。

以上文献综述强调了单位小组式纠纷解决机制中的"小组"元素，但过于强调"小组"元素并不利于我们认识单位小组式纠纷解决机制的"庐山真面目"。单位小组式纠纷解决机制在本质上是一种纠纷解决机制，其功能是化解纠纷。比如，单位小组式纠纷解决机制解决了相当一部分因抄袭、学术不端等行为侵犯他人知识产权的矛盾，运用单位小组式纠纷解决机制处理高等院校的纠纷、矛盾已是一种普遍做法，而由小组调查学术不端并由学术委员会做出相应处理的实践操作亦有相关法律依据。《中华人民共和国高等教育法》把解决学术纠纷的权力赋予相关单位的学术委员会，明确学术委员会的职责包括调查、处理学术纠纷，调查、认定学术不端行为等。因此，本书也必须对单位小组式纠纷解决机制的纠纷解决功能给予足够的关注，从非市场行为经济学的视角切入单位小组式纠纷解决机制。

---

① 程同顺、李向阳：《当代中国"组"政治分析》，《云南行政学院学报》，2001年第6期，第18页。

② 周望：《中国"小组"政治模式解析》，《云南社会科学》，2010年第3期，第14~18页。

③ 原超：《"领导小组机制"：科层治理运动化的实践渠道》，《甘肃行政学院学报》，2017年第5期，第35~46页。

第二章　多方博弈合力的结果：
单位小组式纠纷解决机制

为什么选择博弈论作为研究单位小组式纠纷解决机制分析工具？这是因为博弈论能很恰当地展示投诉方、被投诉方及被投诉方所属单位之间互动、博弈的过程。"但实际社会活动几乎都涉及策略互动，所以需要靠博弈论来分析。"[①] 在博弈论中，个人效用函数不仅依赖博弈参与人的选择，还依赖于他人的选择；参与人的选择是他人选择的函数。[②] 习近平总书记强调，"努力让人民群众在每一项法律制度、每一个执法决定、每一宗司法案件中都感受到公平正义"[③]。理论上，投诉方如果自认为其正当权利受到了不法侵害，他完全可以通过向法院诉讼，或者向公安机关、检察机关、监察机关等公权力机关报案，通过公力救济的方式保障个人的合法权益；退而求其次，即便投诉方不选择诉讼，他仍可以通过人民调解[④]、和解、信访等诸多替代方式进行救济。

投诉方向相关单位投诉而非向法院诉讼的行为显得难以理解，投诉方的投诉行为看起来耐人寻味。投诉方的反常行为引发了笔者深思：投诉方是基于哪些因素做出策略选择的？如果被投诉方所属单位没有满足投诉方的诉求，投诉方可能会选择通过新闻媒体和互联网社交平台等扩大该投诉行为的社会影响力，而该单位会基于哪些因素选择成立一个临时小组化解该纠纷？博弈论中强调的博弈策略的相互依存性和相互影响性能够准确、细致地展示投诉方、被投诉方、被投诉方所属单位三位博弈参与人之间相互博弈的动态过程，而单位小

---

① 范里安：《微观经济学：现代观点（第八版）》，费方域等译，格致出版社、上海人民出版社，2011年，第3页。

② 张维迎：《博弈论与信息经济学》，上海人民书店，2004年，第2～3页。

③ 习近平：《论坚持全面依法治国》，中央文献出版社，2020年，第229页。

④ 人民调解的范围十分宽泛，包括基层人民调解组织、公益性社区调解，行业性、专业性组织调解，消协、工会、妇联等群众团体调解，市场化、自律性、营利性的非诉讼机制，NGO组织、公益组织调解，律师协会与法律援助等。范愉、李泽：《人民调解的中国道路——范愉教授学术访谈》，《上海政法学院学报（法治论丛）》，2018年第4期，第1～9页。

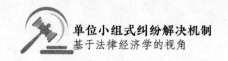

组式纠纷解决机制正是在多方动态博弈的共同影响下自发形成的。总之，博弈论是研究单位小组式纠纷解决机制形成过程、发生逻辑的有效分析工具。

本章主要运用完全完美信息动态博弈对单位小组式纠纷解决机制中的主要参与人之间的博弈过程进行分析。在单位小组式纠纷解决机制的运行过程中，主要存在投诉方、被投诉方、被投诉方所属单位三位博弈参与者。本书假设所有博弈参与人均是追求个人利益最大化的理性经济人，每个博弈均是完全完美信息动态博弈。本章构建了参与人之间的动态博弈模型，分析了各博弈参与人的策略、收益、行动先后顺序，并找出了相应博弈的子博弈完美纳什均衡，还给出了设置博弈策略的依据，并解释了相关博弈策略收益的赋值依据。

第一节　人们如何选择纠纷解决方式？

有研究者认为纠纷是社会学概念，法律纠纷是法学概念[1]，社会学上的纠纷不同于法学中的纠纷，法学讨论的纠纷仅限于已经进入司法程序的纠纷，只是纠纷金字塔的塔尖部分。笔者未进一步区分社会学上的纠纷与法学上的纠纷，原因是虽然社会中的绝大多数纠纷没有进入司法系统，但是这并不意味着这些纠纷的解决过程没有法律因素的参与。一个国家的法律实际上是所有纠纷解决的大背景，但将法律纠纷限定为仅限于已经进入法律系统或司法程序的纠纷的做法是不合理的。

研究解决纠纷的现象不应拘泥于学科之间的界限，而是应当尽可能突破现有的学科藩篱。开展纠纷解决学的相关研究必然涉及法学、社会学、经济学、心理学等多个学科的相关知识。社会学家涂尔干曾批评各个学科之间的失范状态，"法学家、心理学家、人类学家、经济学家、统计学家、语言学家以及史学家则各守一摊，好像他们所研究的各类事实属于许多独立的世界似的。但是在现实中，这些事实却无时无刻地发生着联系，相关的学科也同样如此"[2]。一系列相同类型纠纷发生的背后可能隐藏着社会问题、法律问题、经济问题、心理问题等。深入研究并顺利解决这些纠纷往往需要多学科的知识，因此，研究者过度区分社会纠纷和法律纠纷，特别是将法律纠纷严格限定为进入司法系

---

[1] 姚怀生、邱小林：《纠纷与法律纠纷及相关概念的辩证探析》，《河北法学》，2017 年第 35 卷第 9 期，第 105～111 页。

[2] 涂尔干：《社会分工论（第二版）》，渠东译，生活·读书·新知三联书店，2000 年，第 327～328 页。

统的纠纷的做法是不合理的。总之，前文提及的一系列纠纷虽然不是通过司法系统得到解决的，但是，由于它们均涉及侵犯当事人的某些法定权利或权益，且当事人能为其权利主张找到适当的请求权基础，因此它们仍属于法律纠纷的范畴。

纠纷解决是在纠纷发生后，特定主体依据规则和手段，消除冲突状态，对损害进行救济、恢复秩序的活动。尽管古代中国存在"无讼"和"息讼"的现象，但是，不少区域存在诉讼滥用、欺诈诉讼、恶意诉讼现象。[①] 人们到底是更"厌讼"还是更愿意诉讼以及某一个纠纷具体是如何被解决等问题，必须在特定的约束条件下、置于特定的语境中展开讨论才有意义。

即便各地方的家族团体、士绅等社会力量曾在纠纷解决过程中发挥一定作用，但是，在清代司法中，国家与个人才是纠纷解决机制中的两大主体。相较于清代的社会力量在解决纠纷中的作用，当代社会中的社会组织在解决纠纷的过程中发挥的作用更大，比如以劳动争议仲裁委员会、消费者协会、妇联、行业协会等为代表的社会组织解决了大量纠纷。

郭星华等研究者认为，当代社会的纠纷解决的路径选择呈现从"抑讼"到"励讼"的变迁。[②] 然而，也有相关研究得出了相反结论：纠纷发生后，在面对多种纠纷解决途径时，人们首选"与对方协商，或通过中间人和解"，即人们偏好非制度化的解决纠纷方式；尽管人们并不偏好诉讼，但是，诉讼在城市已成为公认的、最具权威的纠纷解决方式；整体上，人们首选的纠纷解决方式正从私力救济转向正规解决纠纷途径。[③] 法律经济学家考特和尤伦曾提到，调解的结果与诉讼的结果相一致，减少了纠纷解决的社会成本。[④] 朱苏力也强调，纠纷解决过程会增加当事人的成本并强加了社会成本，这导致司法不是解决纠纷的唯一机制且未必是最有效的机制。一旦纠纷解决的路径被控制就可能产生腐败，国家允许存在多种纠纷解决机制反而能维护法治。[⑤] 对于解决纠

① 范愉：《诉讼社会与无讼社会的辨析和启示——纠纷解决机制中的国家与社会》，《法学家》，2013年第1期，第1~14，176页。

② 郭星华：《当代中国纠纷解决机制的转型》，《中国人民大学学报》，2016年第5期，第105~112页；郭星华、郑日强：《励讼：当代中国诉讼文化的变迁》，《广西民族大学学报（哲学社会科学版）》，2015年第37卷第4期，第2~9页。

③ 梁平：《多元化纠纷解决机制的制度构建——基于公众选择偏好的实证考察》，《当代法学》，2011年第3期，第118~127页。

④ 考特、尤伦：《法和经济学（第五版）》，史晋川、董雪兵等译，格致出版社、上海三联书店，2010年，第391页。

⑤ 朱苏力：《中国司法的规律》，《国家检察学院学报》，2009年第17卷第1期，第156~160页。

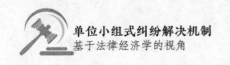
纷，人们是偏好正规的诉讼还是偏好协商、和解等非制度化的纠纷解决方式，尚没有定论。法律经济学的相关研究启示我们，必须具体地分析某一纠纷解决方式对于当事人施加的边际上的成本和获得的边际上的收益。

有不少研究关注到影响纠纷解决方式的因素和选择解决纠纷方式的问题。较早的研究发现，影响解决纠纷资源配置效率的因素主要有解决纠纷方式的替代性、解决纠纷制度的供给与需求、解决纠纷方式的个人偏好、解决纠纷方式的内部运行机制（主要由程序的繁简、时间的长短、举证责任的分配等因素综合决定）及解决纠纷的私人费用的高低。[1] 有文章把纠纷解决机制定位为公共产品，认为非诉讼纠纷解决机制与诉讼之间呈互动态势，缺乏非诉讼纠纷解决机制将会造成社会福利损失。[2] 非诉讼纠纷解决机制与诉讼之间呈互动态势这一观点对认识单位小组式纠纷解决机制与公力救济之间的动态关系具有指导意义。徐昕从成本、收益比较、效率、机制、功能、市场自由度、人性、文化等角度对私力救济和公力救济这一对概念进行了比较，他认为私力救济的成本可能相当于或高于公力救济的成本，但是，私力救济的效率却远胜过公力救济的效率。[3] 前文提到运用单位小组式纠纷解决机制的主体包括高等院校、大型公司等。虽然这些单位并非专业的纠纷解决机构，但是，这些单位在当代社会的纠纷解决机制中发挥了重要作用。以上对于纠纷解决方式选择问题的相关研究总体上沿用了"成本－收益分析"的路径，这些研究启示本书应当关注纠纷解决程序的繁简、解决纠纷耗费时间的长短、对争议事实的证明责任分配、证据的来源合法性、案件错判的概率、解决纠纷机构的专业性程度、解决纠纷机构的中立性程度等相关变量决定的解决纠纷成本。

本书创造性地提炼出单位小组式纠纷解决机制这一概念，不可避免地要关注学术界对单位解决纠纷功能的研究进展情况。朱景文的研究发现，改革开放之前，纠纷主要通过工作单位、居委会、村委会解决，法院在解决纠纷中的作用十分有限。[4] 还有相关研究进一步强调，我国的经济体制改革瓦解了"单位

---

① 王亚元：《论我国纠纷解决制度中的资源配置效率》，《中国法学》，1998 年第 5 期，第 104～110 页。

② 陈慰星：《非诉讼纠纷解决机制（ADR）与诉讼互动的经济分析》，《制度经济学研究》，2006 年第 4 期，第 146～169 页。

③ 徐昕：《为什么私力救济》，《中国法学》，2003 年第 6 期，第 66～77 页。

④ 朱景文：《中国法治道路的探索——以纠纷解决的正规化和非正规化为视角》，《法学》，2009 年第 7 期，第 3～21 页。

制"，使民间调解难以恢复历史辉煌。[1] 然而，单位的纠纷解决功能是否真的弱化了？单位小组式纠纷解决机制的适用主体包括高等院校、大型公司等诸多不同性质的单位，这表明单位的纠纷解决功能并未弱化。

仪式和法律意识也是影响人们选择解决纠纷方式的因素。仪式在解决纠纷的过程中发挥了一定作用。[2] 有研究发现，在当代社会，仪式对于解决某些纠纷亦有重要意义。[3] 笔者认为纠纷解决仪式固然在相当一部分纠纷的解决过程中发挥了积极作用，但是，纠纷解决仪式的积极作用并不具有普遍意义，仪式往往出现在诸如审判等正式的纠纷解决机制中。可是，绝大部分的私人争议都在法庭外得以解决，只有不到5%的纠纷会通过法院诉讼解决。[4] 这表明仪式并非影响人们选择解决纠纷方式的重要变量。有研究发现，法律意识与矛盾纠纷之间并非呈正相关关系，在人们的法律意识明显提高后，社会的矛盾纠纷也并未减少；该研究还认为是否遵守法律视情况而定的人选择诉讼方式解决纠纷的概率也大；人们认同和服从法律权威，但也认为法律是可以利用的、可变通的；人们对法律权威的认同感与选择用法律手段之间呈负相关关系。[5] 换言之，人们的法律观念不是一成不变的，而是呈现出多元性。在法律意识与纠纷解决机制之间出现了一个悖论：人们的法律权威意识越强，越不愿意选择法律解决机制；而人们越是把法律当作工具，选择法律途径解决纠纷的可能性就越大。

从事法律社会学和法律经济学研究的学者构建了当事人选择解决纠纷方式的模型，并基于此开展了实证研究。Michelson的研究认为，农民为了解决纠纷可以选择沉默、与对方进行双边谈判、向第三方寻求帮助、要求村领导介入纠纷、请求更高层的政府机关介入、寻求公安机关的介入、诉诸司法系统等方式组成的"宝塔式纠纷解决模型"。随着农民从"宝塔"的底端向顶端"攀

① 陈杭平：《社会转型、法制化与法院调解》，《法制与社会发展（双月刊）》，2010年第2期，第101~111页。
② 吴元元：《神灵信仰、信息甄别与古代清官断案》，《中国社会科学》，2006年第6期，第133~143、206页。
③ 赵天宝：《景颇族纠纷解决的仪式维度》，《宗教学研究》，2014年第1期，第172~180页；赵天宝：《论纠纷解决仪式的阈限及功能》，《江苏社会科学》，2014年第3期，第151~157页。
④ 考特、尤伦：《法和经济学（第五版）》，史晋川、董雪兵等译，格致出版社、上海人民出版社，2010年，第392页。
⑤ 杨敏、陆益龙：《法治意识、纠纷及其解决机制的选择——基于2005 CGSS的法社会学分析》，《江苏社会科学》，2011年第3期，第29~35页。

登",解决纠纷的程序越来越规范,但是,解决纠纷所花费的成本亦逐渐攀升。[1] 不同的纠纷解决机制对于程序的规范性要求、耗费的成本是不一样的,笔者在后文通过对单位小组式纠纷解决机制的分析发现,投诉方选择向被投诉方所属单位投诉的重要原因是缺乏相关证据,难以满足公力救济(向法院提起诉讼)的证据要求。标准经济模型与价格理论模型认为,人们选择诉讼还是选择和解与交易主体的风险偏好、选择视野、对案件判决的评估、交易成本等相关。[2] 齐树洁认为替代性纠纷解决机制具有较强的灵活性、较低的纠纷解决成本、较高的专业性和保密性。[3] 替代性纠纷解决机制是人们行为的结果,体现了理性经济人进行成本-收益比较和利益最大化的追求。[4] 根据研究者对综合社会调查的研究,当事人之所以选择何种纠纷解决方式(比如自行解决、诉诸法律、诉诸媒体、求助他人、集体行动等),既不是因为对该权威的认同,也不是因为拥有渠道、资源或者关系网络,是因为对该权威解决特定类型纠纷的有效性具有较高的预期,纠纷解决机制选择与纠纷性质类型有密切关系。[5] 对于社会而言,"诉讼动力过度"与"诉讼动力不足"均会阻碍实现诉讼效益最优,过度诉讼会浪费社会成本,因此,有研究提倡应利用当事人诉讼的动力对诉讼规模进行调节。[6] 以上研究启示笔者必须关注当事人会基于何种因素的考量才会向被投诉方所属单位投诉,单位小组式纠纷解决机制是否满足灵活性、专业性、保密性和低成本等要求。

有研究者还关注了企业在解决商业经济纠纷时的偏好。有研究发现,我国民营企业解决商业纠纷时首选"私人秩序"(通过私下协商解决商业纠纷)而非向法院诉讼、仲裁或通过政府机构调解。[7]

是否有一个中立的第三方对于纠纷解决机制的效率有主要影响。根据实验

① Ethan Michelson, Climbing the Dispute Pagoda: Grievances and Appeals to the Official Justice System in Rural China, American Sociological Review, 2007 (3): 459−485.
② 杨帆:《诉讼抑或和解:民事纠纷主体选择偏好的经济分析——基于两种经济模型的对比》,《求索》, 2013 年第 4 期, 第 48~50 页。
③ 齐树洁主编:《外国 ADR 制度新发展》, 厦门大学出版社, 2016 年, 第 7 页。
④ 周晓唯:《ADR——一个法经济学视角的探析》,《南开学报(哲学社会科学版)》, 2007 年第 4期, 第 57~66 页。
⑤ 陆益龙:《权威认同、纠纷及其解决机制的选择——法社会学视野下的中国经验》,《江苏社会科学》, 2013 年第 6 期, 第 110~116 页。
⑥ 熊万胜、周院生:《诉讼效益的经济分析框架——以当事人诉讼动力的调节机制为中心》,《制度经济学研究》, 2015 年第 1 期, 第 207~227 页。
⑦ 魏下海、黄玖立、林涛:《政治关系、制度环境与多元化商业纠纷解决机制》,《经济学动态》, 2017 年第 3 期, 第 12~23 页。

经济学的相关研究，当双方参与人必须对某一数额金钱的分配方案达成一致意见时，双方讨价还价的过程将产生高昂的成本，而将一个公正的第三方引入分配程序且由参与人自主选择是否诉诸该第三方时，实验结果显示引入公正的第三方既提高了双方参与人达成协议的效率，又影响了协议的分配内容：由第三方决定分配方案显著降低了由双方参与人一轮接一轮地提出分配方案时产生的纠纷解决成本；当有中立的第三方在场时，双方参与人的首次分配方案与其各自的实际贡献更接近。① 一个公正的第三方解决方案提高了谈判的效率，这一研究结论表明相对于双方参与人自行协商而言，当有中立的第三方在场时，双方当事人更易达成解决纠纷的合意。对于单位小组式纠纷解决机制而言是否如此呢？笔者发现，运用该纠纷解决机制的单位往往难以被视作中立的第三方，但是，单位的非中立地位并没有影响投诉方的策略选择；相反，投诉方有意将被投诉方和被投诉方所属单位"捆绑"在一起。

第二节　投诉方有哪些策略？

单位小组式纠纷解决机制牵涉多方参与人之间的多个博弈，其中，最主要的博弈无疑是投诉方与被投诉方所属单位之间的博弈。投诉方作为博弈的发起者，其博弈策略应得到细致分析。本书假设投诉方是追求个人利益最大化的理性人，投诉方会在诸多可能的博弈策略中选择最符合他个人利益最大化的策略。所以，本节详细阐明投诉方可能选择的所有策略。与此同时，博弈论告诉我们，同一博弈中的各个参与人之间的策略选择是相互影响的，动态博弈中的先行动者并不一定就具有"先发优势"，博弈的先行动者在行动之前必须考虑后续的博弈方对其策略的回应。在该博弈中，发起纠纷控诉的投诉方至少可以选择向司法机关寻求公力救济，也可以选择向被投诉方所在单位投诉。鉴于本书所研究的纠纷最初是在新闻媒体和互联网社交平台上曝光的，所以通过新闻媒体和互联网社交平台等曝光该投诉也是投诉方的一个策略选择。

投诉方在自认为其正当权利受到侵害后有权向法院进行诉讼，但是，纠纷双方当事人对案件胜诉预期不一致，权益受损一方当事人缺乏足够证据支撑其权利主张及当事人通过诉讼得到的收益小等因素，均有可能迫使当事人不选择

---

① Sigbjorn Birkeland, Negotiation under Possible Third-Party Resolution, The Journal of Law and Economics，2013（2）：281－299.

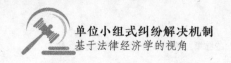

公力救济。投诉方会考虑通过新闻媒体和互联网络社交平台曝光该投诉则可能在短时间内引起大众的关注，提高被投诉方所属单位遭受由社会自发实施的连带责任惩罚的概率。被投诉方所属单位惧怕遭受连带责任惩罚而不得不积极应对。这是投诉方选择向被投诉方所属单位投诉且赢得该投诉纠纷的根本原因，也是单位小组式纠纷解决机制可行的原因。改革开放之前，单位之所以能够化解涉及本单位员工的纠纷主要是因为单位的封闭性等原因。被投诉方所属单位因惧怕遭受单位员工可能存在的违法犯罪行为而引发的一系列负面影响，不得不积极化解相关纠纷。通过新闻媒体和互联网社交平台等第三方渠道曝光投诉的博弈策略，投诉方在互联网社交平台中将自己塑造成被欺压的弱者，发布具有视觉冲击力的证据，制作详细罗列支撑其权利主张的图表、音频、视频等，这些操作将在最大程度上增强投诉方的可信赖性、投诉内容的可理解性、投诉诉求的合法性。

一、向公检法等公权力机关寻求救济

无论在投诉方与被投诉方之间存在何种法律纠纷，如果被投诉方涉嫌犯罪，投诉方可以向公安机关、检察机关等报案。一旦纠纷进入诉讼程序，被投诉方则要应诉。前文提及的纠纷类型涵盖了涉嫌侵犯他人知识产权、侵犯他人人格尊严、侵犯他人性自主权、侵犯他人生命健康和安全、侵犯他人隐私权等，投诉方能在我国现行法律规范中找到支撑其诉求的法律依据。理论上，这些相关案例的投诉方若向公权力机关寻求救济，其正当权利也能得到支持。相比之下，投诉方采取向被投诉方所属单位投诉的做法却未必能得到相关单位的积极回应。

在适用单位小组式纠纷解决机制的纠纷中，绝大多数投诉方没有直接面对被投诉方，反而绕过被投诉方直接向被投诉方所属单位投诉，这多少给人一种投诉方多此一举的感觉。与公力救济不同，该单位可能无视投诉，而投诉方如若选择公力救济，人民法院会基于立案登记制做到"有案必立、有诉必理"。除此之外，专业人士在解决纠纷上更具有信息、知识、经验上的优势。当没有专门知识和经过训练的陪审员和职业法官一起讨论问题时，陪审员可能对某些问题有直觉的判断，但往往也经不起职业法官的解释和说服。[①] 以法院、公安机关、检察机关、监察机关为代表的公权力机关毕竟是专业的、正规的执法和

---

① 贺欣：《街头的研究者：法律与社会科学笔记》，北京大学出版社，2021年，第102页。

司法机构，而被投诉方所属单位则多数是高等院校、大型公司等。

笔者假定博弈参与人是理性人，以上分析亦是所有博弈参与人的共识。假定其他条件相同，投诉方也应当清楚与向被投诉方所属单位进行投诉相比，向公权力机关寻求救济是占优策略。然而，投诉方在"纠纷解决市场"上"用脚投票"，并没有选择一般情况下占优的公力救济博弈策略。是哪些变量或因素迫使投诉方未向公权力机关寻求救济？又有哪些因素吸引着投诉方放弃公力救济而选择向被投诉方所属单位投诉？下面将首先详细分析是哪些因素迫使投诉方未向公权力机关寻求救济。

由于存在执法成本，现实社会中的执法概率必然小于百分之百，并因此催生了选择性执法现象。[①] 在提倡全面推进依法治国的大背景下，即便是投诉方自认为其正当权利受到了被投诉方的侵害，其权利主张也并非就能百分之百地得到法律的支持。原因是某一纠纷如果能确定得到或者是大概率得到司法裁判的支持，那么这一信息在投诉方、被投诉方之间也是对称的，如此，该纠纷不必进行到诉讼阶段就已经和解了。当双方当事人对法官判决的预期不一致时，当事人才有可能对簿公堂。简言之，某一个纠纷之所以进入法院诉讼阶段，可能是因为纠纷双方当事人对于案件可能胜诉的概率的判断不一致。当然，此处并不排除投诉方以诉讼作为手段、追求诉讼之外的利益的情况，比如现实社会中原告诉讼要求被告赔偿一元钱。

除了存在执法成本、纠纷双方对案件可能胜诉的概率预期不一致，阻碍投诉方向公权力机关寻求救济的最为重要的原因是：法律的运行是有代价的。法律作为一种第三方治理机制，其运行的有效性严重依赖于信息的可观察性、可验证性及其决定的信息费用[②]，这一点早已在法律经济学的相关研究被强调。法律机制的健康运行一定要有第三方可观测、可验证的信息，否则司法机器的运转就会"失灵"或"卡壳"。[③] 法律经济学家提出法律治理机制运作的有效性严重依赖于信息的可观察性和可验证性的观点与社会学家马克斯·韦伯的相关研究不谋而合，马克斯·韦伯认为"事实"是可以经由合理的手段如询问证人、提示"情况证据"等加以"确定"。投诉纠纷的争议事实是否满足信息的可观测、可验证将严重影响投诉方的行为和博弈策略选择。

证据无疑是影响法律第三方治理机制健康运行所需要的第三方可观测、可

---

①　戴治勇：《选择性执法》，《法学研究》，2008 年第 4 期，第 28～35 页。

②　张维迎：《信息、信任与法律》，生活·读书·新知三联书店，2003 年，第 33 页。

③　福柯：《法律精神病学中"危险个人"概念的演变》，苏力译，李康校，《北大法律评论》，1999 年第 2 卷第 2 期，第 470～495 页。

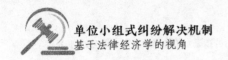

验证的信息的重要变量。具体而言，当投诉方的权利主张缺乏足够的证据支撑时，当事人就越不可能向公权力机关寻求公力救济；而当投诉方的权利主张有足够证据支持其诉讼请求时，他就越可能诉诸公力救济。有没有确凿的证据将会直接影响投诉方的权利主张能否得到公权力机关的支持，投诉活动对投诉人补充、寻找证据支持其权利主张亦有积极作用。通过公开投诉获得遭受类似侵害的受害者的支持，特别是证据上的支持，是投诉方选择公开方式投诉并千方百计扩大影响的重要原因。造成投诉方缺乏证据支持其权利主张的原因可能十分复杂，有可能是该案件本身就难以获得、保存支持其权利主张的证据。比如，在涉及歧视、性骚扰乃至性侵的案件中难以保存证据，当事人极有可能缺乏支持其权利主张的证据。当然，时间的流逝也可能使得证明案件事实真相的相关证据随之灭失。总之，缺乏足够证据、难以满足法律机制的健康运行要求的第三方可观测、可验证的信息约束条件将会阻碍当事人选择向公权力机关寻求救济，但是，这一分析并不能解释笔者提到的全部纠纷。

在一部分运用单位小组式纠纷解决机制的纠纷中，投诉方极有可能缺乏证据证明其正当权利受到了侵害。然而，实际情形也可能恰恰相反：在另一部分运用单位小组式纠纷解决机制的纠纷中，投诉方具有十分充足的证据证明其正当权利受到了侵害。有一部分投诉方在曝光该投诉纠纷时往往会列举支撑其权利主张的证据，比如，以通过在互联网社交平台详细罗列其掌握的证据等方式完成其"举证责任"。尽管这一公开相关信息的操作不是诉讼法意义上的举证，但是，大众则认为投诉方已经有效证明了其诉求。

通过在互联网社交平台上罗列支撑其权利主张的证据等方式完成其"举证责任"的做法，在涉及侵犯知识产权的纠纷中十分突出。在一些以涉嫌论文抄袭等学术不端为主要纠纷的案件中，投诉方往往在曝光其抄袭等学术不端行为时会对涉嫌抄袭的作品与原作品之间的相同或相似之处进行了详细比对。比如，在涉嫌论文抄袭纠纷中，除制作图表对涉嫌抄袭的内容和原作品进行对比外，投诉方还会运用大段文字对涉嫌抄袭的内容和原作品内容进行了详细论证。投诉方的这一做法与知识产权案件司法审判的论证说理模式如出一辙。知识产权案件审判专家宋鱼水表示："大部分的知识产权案件会把情节对比做成列表。"[1] 在作家琼瑶诉于正等被告侵害著作权纠纷案中，宋鱼水法官对《梅花烙》和《宫锁连城》两部剧本的情节和人物进行了详细的比对。[2] 有学者研

---

① 李婧：《宋鱼水：从农村女孩到明星法官》，《劳动午报》，2017 年 8 月 19 日第 9 版。
② 李婧：《宋鱼水：从农村女孩到明星法官》，《劳动午报》，2017 年 8 月 19 日第 9 版。

究发现，以著作权集体管理组织为原告的著作权侵权案件有诉讼成本高、诉讼标的额小、案情简单的特点，符合非诉讼纠纷解决机制的适用条件。① 可见，当投诉方在有足够的证据支持其权利主张时可能不会向公权力机关寻求救济，反而会通过互联网社交平台等曝光该纠纷。

此处，笔者发现了一个极为有意思的现象：第一种情形为缺乏足够证据的投诉方，可能出于其权利主张缺乏足够证据的支持等原因不能向公检法等公权力机关寻求救济，而不得不通过互联网社交平台等曝光该纠纷。投诉方的投诉活动既可能对被投诉方进行道德贬低和审判，又能向受到同样受伤害的人们发出信号，通过其他受害者搜集更多的有力证据。② 第二种情形为有足够证据支持其权利主张的当事人可能也不向法院提起诉讼，而是通过在互联网社交平台详细罗列支撑其权利主张的证据并提供说理，从而在该纠纷中占据上风，主要适用于案情简单、诉讼成本高、诉讼标的额小的案件。

成本因素也可能会阻碍投诉方选择向公权力机关寻求救济。比如，在一些涉及侵犯知识产权的抄袭行为中，由于投诉方即便能通过诉讼大概率地赢得法院的支持，但依然要付出一定成本，而所获得的收益却不显著。投诉方基于成本和收益之间的考量，当收益比较小时，即便能够通过诉讼赢得司法裁判的支持可能也不选择向法院诉讼。通过司法裁判获得足够弥补其损害的收益，也是投诉方向公检法等公权力机关寻求救济的一个前提条件。综上所述，笔者认为纠纷双方对案件的胜诉预期不一致，权利受损一方缺乏足够证据支撑其权利主张，案情简单、诉讼成本高、诉讼标的额小，以及当事人通过诉讼得到的收益比较小等众多因素，均有可能导致投诉方没有向公权力机关寻求救济。

二、向被投诉方所属单位投诉

以上分析仅仅解释了在一般情况下投诉方选择以诉讼为代表的公力救济是否可行、是否存在障碍，而没有解释为什么投诉方直接向被投诉方所属单位投诉也是一个可行的策略。

为什么两个具有完全民事行为能力的主体之间的纠纷未通过司法机构和专业的纠纷解决机构化解，而是通过非专业的纠纷解决机构化解呢？

---

① 许可、肖冰：《替代性纠纷解决机制在著作权侵权纠纷中的适用——以著作权集体管理组织为原告的案件为例》，《山东大学学报（哲学社会科学版）》，2019 年第 2 期，第 78~85 页。

② 这种情形下，投诉方的投诉活动是信息经济学中的"信号发送"机制：投诉方缺乏有力的证据，通过投诉向遭受同样侵害的受害者发送信号，搜集可靠的证据。

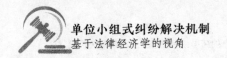

投诉方基于何种法理上的依据向被投诉方所属单位投诉？这一疑问并不能通过民法学上的雇主责任得到合理解释。比如，被投诉方涉嫌违法的行为可能并不是履行职务的行为，不存在适用雇主责任的空间；被投诉方可能早已离开该单位，只是该单位曾经的雇员或成员。被投诉方所属单位与被投诉方可能不存在劳动关系、雇佣关系，比如一些被投诉涉嫌抄袭、学术不端的当事人可能早已在多年前离职。在现代社会，大多数人是一个独立个体的同时也可能隶属于某个单位。被投诉方可能是一家公司的领导，可能是一家医疗机构的职工，也可能是一所高等院校的职工，还可能是一所学校的在校学生。

马克斯·韦伯认为人们加入一个社会团体就等于获得了一个"社会印章"，这枚"社会印章"为人们起到安全保障、信用背书的作用，实际上是一种制度化的信用机制。笔者认为，投诉方选择向被投诉方所属单位投诉的博弈策略是对韦伯所提出的"社会印章"机制的反向应用。被投诉方所属单位惧怕遭受因被投诉方可能的违法犯罪行为导致的、由社会大众自发实施的连带责任惩罚而不得不积极应对投诉、化解纠纷。吴元元认为声誉罚具有强烈的耻辱效应，一旦将其指向特定主体，则该主体将被烙上难以磨灭的负面"社会印章"。[①] 声誉罚机制是投诉方能够选择向被投诉方所属单位投诉的策略，并赢得该投诉纠纷的根本原因。

有研究认为，声誉机制是仲裁纠纷解决机制得以实施的主要因素。[②] 在单位小组式纠纷解决机制中，声誉罚是影响被投诉方所属单位如何决策的关键变量。伴随着移动互联网的普及，声誉损失是群体性突发事件中博弈参与人进行策略选择时须考虑的关键因素[③]，一旦投诉方对被投诉方的投诉在社会大众的认知结构中被认为属实——不要求被投诉方实际实施了违法甚至犯罪行为——如若被投诉方所属单位对于投诉方的投诉或控诉行为置之不理或处理不当，社会大众必将对该单位实施连带责任惩罚。该连带责任惩罚的形式多种多样，主要表现为声誉罚。一个团体在为其团体成员背书的同时，该团体也有可能由于某一成员可能的违法甚至不恰当行为而连带地蒙受声誉上的贬损以及其他实际损失（比如遭受社会大众的联合抵制）。声誉罚机制是单位小组式纠纷解决机制可行、能够发挥作用的根本原因。

---

① 吴元元：《食品安全信用档案制度之建构——从信息经济学的角度切入》，《法商研究》，2013年第4期，第11~20页。

② 张伟强：《论无需法律的仲裁》，《北方法学》，2018年第12卷第3期，第93~104页。

③ 王君、徐选华：《媒体参与下群体性突发事件的演化博弈》，《华南农业大学学报（社会科学版）》，2019年第18卷第4期，第127~140页。

此处还应强调，相关单位运用单位小组式纠纷解决机制化解纠纷和改革开放之前"单位制"下单位解决社会上的大部分纠纷截然不同。① 在改革开放之前的单位制下，单位的矛盾消解功能主要是基于单位的封闭性等原因。② 国家通过单位将资源分配到个人，所以在当时形成了"单位依附于国家、个人依附于单位"的"国家—单位—个人"的依附关系结构。③ 田毅鹏认为当单位的封闭性发生改变，单位的社会矛盾消解功能便难以为继。④ 笔者认为由于声誉罚机制的存在，当被投诉方所属单位有可能因其成员可能存在的违法犯罪行为而连带地遭受声誉上的贬损或其他损失时，该单位不得不积极化解相关投诉纠纷。

笔者的前述分析也得到了相关研究的印证。经济学家梯若尔（Tirole）在其相关研究中将个人声誉拓展到集体声誉，分析了集体声誉机制的形成。⑤ 相对于个体声誉而言，与单位小组式纠纷解决机制的声誉罚机制相通的便是梯若尔提出的集体声誉理论。⑥ 毋庸置疑，单位作为一个由多个不同个体组成的团体，享有集体声誉。梯若尔对个人声誉和集体声誉的进一步划分和拓展有其理论合理性。集体声誉理论对于笔者认识单位小组式纠纷解决机制的本质有着启发意义，笔者也认可相关单位积极处理投诉纠纷的最重要考量是单位的集体声誉，但是，对于本书而言，详细区分个人声誉和集体声誉的理论意义不大，更重要的是指出单位小组式纠纷解决机制的理论基础是声誉罚机制，声誉罚是影响单位如何决策的最重要的变量。

在实践中，相关单位所处理的投诉纠纷有可能没有明确具体的投诉方。导致这一情况的原因有很多：投诉方有可能匿名投诉，避免与被投诉方发生正面的、激烈的对抗，这实际上是投诉相对于向法院诉讼而言的优势；投诉方与被投诉方之间也有可能在投诉事项上不存在直接的利害冲突，投诉的意图是让社

---

① 朱景文：《中国法治道路的探索——以纠纷解决的正规化和非正规化为视角》，《法学》，2009年第7期，第3~21页。

② 田毅鹏、张帆：《"单位"对社会矛盾的结构性分解》，《学海》，2018年第3期，第117~124页。

③ 李路路：《"单位制"的变迁与研究》，《吉林大学社会科学学报》，2013年第1期，第11~14页。

④ 田毅鹏、张帆：《"单位"对社会矛盾的结构性分解》，《学海》，2018年第3期，第117~124页。

⑤ Jean Tirole, A Theory of Collective Reputations（with Applications to the Persistence of Corruption and to Firm Quality），Review of Economic Studies，1996，63（1）：1—22.

⑥ 笔者的这一观点直接受益于西南财经大学法学院戴治勇教授，谨致谢忱！戴治勇老师认为梯若尔的集体声誉理论能较为恰当地解释单位小组式纠纷解决机制。

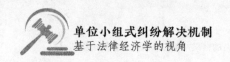

会大众知晓其违法犯罪行为，造成被投诉方声誉上的贬损、道德评价上的贬低；新闻媒体也可能基于自身的职业选择或职业道德对一些违法犯罪行为进行曝光。在不存在明确投诉方的投诉中，单位小组式纠纷解决机制还有没有适用的余地？

即便有的投诉没有明确的投诉人，只要声誉罚机制对于被投诉方所属单位起作用，单位就不得不积极回应投诉。本书主要是在信息经济学的意义上使用"投诉"一词。从信息经济学的角度来看，在信息不对称的情况下，投诉是相关单位获取当事人的违法犯罪行为信息的重要机制。"投诉"是信息经济学上所说的信息生产方式。即便是确实存在一小部分没有明确的、利益相关的投诉人的情况，但是，针对新闻媒体主动曝光涉及某单位员工的违法犯罪现象，该单位选择成立小组调查纠纷事实真相并依调查结果处理该投诉，这一运作过程同样适用于单位小组式纠纷解决机制。最关键的是无论是有明确投诉人的投诉，还是新闻媒体主动曝光等无明确投诉人的投诉，声誉罚机制均是单位小组式纠纷解决机制发挥作用的根本原因。只要声誉罚机制对相关单位发挥作用，即便是没有明确的、具体的投诉人，单位仍不得不积极回应因本单位员工可能存在的违法犯罪行为而引发的舆论氛围。

当事人向被投诉方所属单位投诉的另一个重要原因是：单位小组式纠纷解决机制与公力救济之间不是互相排斥的、非此即彼的。即便被投诉方所属单位不对投诉行为做出任何回应，或者投诉方最终不能通过曝光达到捍卫其正当权利的目的，投诉方仍有权利通过诉讼争取法院的支持。投诉方对于向被投诉方所属单位投诉的态度可能是试探性的，对投诉活动起到了投石问路的作用，毕竟以法院诉讼为代表的公力救济是国家向全体公民提供的公共善品，具有兜底性质。投诉方选择向被投诉方所属单位投诉还有相对于向公检法等寻求公力救济的比较优势。比如，由于诉讼是双方当事人的直接对抗，而投诉活动可以匿名，这大大降低了投诉方遭受他人报复的风险，也减少了投诉方相关信息泄露的机会，更好地保护投诉方的利益。

三、通过新闻媒体和互联网社交平台曝光纠纷

由于立法者不能有效处理基于媒体压力而导致基于媒体的压力型立法问题已经引起了相关学者的关注。[1] 笔者关注的是单位如何应对因通过新闻媒体和

---

① 吴元元：《信息能力与压力型立法》，《中国社会科学》，2010 年第 1 期，第 147~159，224 页。

互联网社交平台的投诉行为造成的舆论压力。实践表明，新闻媒体、互联网社交平台在投诉纠纷的暴发和宣传过程中起到了举足轻重的作用，因此，本小节有必要分析新闻媒体和互联网社交平台在投诉方的策略选择及单位小组式纠纷解决机制中的实际作用。

投诉方通过第三方渠道曝光该投诉后很有可能在较短时间内引发社会大众的强烈关注，提高被投诉方所属单位遭受连带责任惩罚的概率。与直接向被投诉方所属单位投诉相比，通过新闻媒体和互联网社交平台等第三方渠道曝光该纠纷在本质上也是一种投诉，只不过投诉的平台较为特殊。同为投诉，只向被投诉方所属单位投诉的影响范围可能仅仅局限于该单位，投诉的影响仅发生在小范围内，大众对投诉纠纷并不知情，这在很大程度上降低了被投诉方所属单位因被投诉方的违法犯罪行为而遭受连带责任惩罚的概率。

笔者在此处必须特别强调：社会大众一自发地一实施了被投诉方所属单位因被投诉方可能的违法犯罪行为而遭受的连带责任惩罚，该连带责任惩罚并不要求被投诉方真的实施了违法犯罪行为。投诉方通过新闻媒体和互联网社交平台等第三方渠道曝光该投诉是对该连带责任惩罚机制的有效利用。社会舆论强烈关注某一案件无疑会使被投诉方所属单位有压力，至少能够引起被投诉方所属单位的高度重视，这在加大大众对被投诉方所属单位自发实施连带责任惩罚的概率和惩罚力度的同时，也提高了该案件顺利解决的可能性。投诉方能够利用声誉罚机制迫使单位不得不积极处理投诉，声誉罚机制是小组式纠纷解决机制之所以可行、之所以能发挥作用的根本原因，这一深层次的逻辑关系也可能被投诉方滥用，产生"大闹大解决、小闹小解决、不闹不解决"的恶性循环。比如，"校闹"就是投诉方对声誉罚机制的滥用。近几年，教育部等出台了《关于完善安全事故处理机制　维护学校教育教学秩序的意见》（教政法〔2019〕11号）规制"校闹"现象，坚决打击在学校拉挂横幅、燃放鞭炮、播放哀乐、摆放花圈等"校闹"行为。面对社会大众的强烈关注，被投诉方所属单位以迅速成立调查小组、调查投诉是否属实、做出相应处置等一系列操作能起到平息纠纷，挽救自身社会形象，实现被投诉方所属单位与被投诉方之间的"切割"，在最大程度上降低自身遭受连带责任惩罚的概率和减弱该惩罚的力度并赢得大众的信任等诸多效果。用博弈论的语言来说，社会大众实施的连带责任惩罚对该单位形成了一个有效的威胁。大众实施的连带责任惩罚是单位小组式纠纷解决机制在诸多投诉方通过第三方渠道曝光投诉的案例中被广泛应用的根本原因。

本书所研究的纠纷均是通过新闻媒体和互联网社交平台等第三方渠道曝光

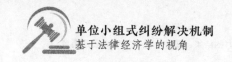

的。当然，也有一些投诉方会"双管齐下"：既直接向被投诉方所属单位投诉被投诉方的违法犯罪行为，又通过新闻媒体和互联网社交平台等第三方渠道曝光该投诉。这是因为投诉方向被投诉方所属单位投诉与通过新闻媒体和互联网社交平台等第三方渠道曝光该投诉是并行不悖的，而不是互相排斥的。因此，笔者在动态博弈模型中分别讨论了投诉方向被投诉方所属单位投诉与通过新闻媒体和互联网社交平台等第三方渠道曝光该投诉这两种不同的博弈策略。

之所以必须明确区分投诉方向被投诉方所属单位投诉与投诉方通过新闻媒体和互联网社交平台等第三方渠道曝光该投诉两种策略，最重要的原因是因为这两种投诉策略有不同的约束条件。凡是涉及选择，总是面临机会成本：在某一个特定的纠纷发生之后，投诉方直接向被投诉方所属单位投诉，还是通过第三方渠道曝光该投诉，总是会随着投诉方个体所面临的约束条件的变化而变化。通过第三方渠道曝光该投诉很有可能提高被投诉方所属单位遭受因被投诉方的违法犯罪行为而自发产生的连带责任惩罚的概率。但是，这一策略如欲发挥作用也有其前提条件。在大众的注意力极为宽泛的前提下，并非所有的在新闻媒体和互联网社交平台上曝光的投诉活动都能引发社会舆论，更不必说成为舆论关注的焦点。

现如今人们处在信息爆炸的时代，最终能引发社会舆论强烈关注的那部分投诉只是现实社会实际发生的多如牛毛的投诉活动的"冰山一角"。从统计学角度分析，笔者搜集的在互联网社交平台上曾经引发社会舆论强烈关注的案件经过了互联网社校平台甄别、筛选，故笔者在样本选择上可能存在"选择性偏误"等问题。对于投诉方而言，新闻媒体和互联网社交平台等第三方渠道可以说是"成也萧何，败也萧何"：能力强的投诉者能利用新闻媒体和互联网社交平台达到引起舆论关注的目的，而能力弱的投诉者的投诉活动则可能面临被淹没的局面。对于研究样本的"选择性偏误"问题，笔者认为区分投诉方直接向被投诉方所属单位投诉与投诉方通过新闻媒体和互联网社交平台等第三方渠道曝光投诉的做法是正确的、合理的、有现实依据的。哪怕样本存在选择性偏误问题，也不影响本书最核心的观点：声誉罚机制是单位小组式纠纷解决机制能发挥作用的根本原因。通过新闻媒体和互联网社交平台等第三方渠道曝光该投诉的博弈策略对投诉方运用大众传媒和自身的表达能力有着十分苛刻的要求。

与传统媒体的传播方式不同，一些投诉方通过互联网社交平台等第三方渠道曝光投诉，这些投诉活动往往是投诉方的个人行为或个体行为，投诉方的投诉行为引发了一定的关注之后才有传统媒体的跟踪报道。投诉方必须在大众注意力宽泛的硬约束下赢得社会大众对某一特定投诉的热情关注及对投诉方本人的信任①，此时，投诉方自身的表达能力就十分重要。波斯纳曾在相关研究中提出"如果信息费用很高，修辞也许就不可缺少"②，有确定目标的投诉者会选择对自己成本最小化、实现目标概率最大化的表达方式，在这些表达方式中有混合修辞等方式，而混合修辞方式包括了真实的信息、谎言、暗号及情感感染等内容。在传统的修辞学理论中，修辞是运用文字的活动，能提高语言文字的表达效果。③波斯纳对修辞的定义涵盖了传统修辞学的观点。波斯纳提出的修辞的经济学进路与其主张的实用主义相契合，认为所有有利于达到说服目的、增强说服效果的修辞资源均有可能被混合使用。除了语言和文字，图表、图片、影像、音频、伦理、道德等所有有利于达到说服大众效果的修辞资源都可能被投诉方运用。

笔者沿用了波斯纳所提出的修辞的经济学进路，认为产生修辞活动的根本原因在于较高的交易费用，交易费用是信息经济学和相度经济学的常用概念。一般而言，信息费用构成了交易费用的主要内容。交易费用指的是达成一项交易所需要的搜集各种相关信息、谈判、起草尽可能完备的合同、监督合同的正常履行等所需的各种费用。众所周知，科斯定理认为，如果交易费用为零，产权的初始分配将不影响资源配置的效率。科斯定理提醒我们应当关心市场达成一项交易所耗费的各种各样的成本。笔者认为交易费用这一概念对于我们认识修辞活动的本质打开了一个新的视角。修辞活动是修辞者说服目标受众的活动，修辞者在与目标受众沟通的过程中可能面临多种障碍。那些影响修辞者与目标受众有效沟通的多种障碍即构成了沟通的"交易费用"。修辞者说服了受众就像达成了科斯所说的商事交易一样。由于在有的情况下修辞者在说服受众的过程面临着高昂的交易费用，修辞者不得不使用修辞术。总之，人们运用修辞或修辞术的最重要目的是说服大众；人们是否采纳某一种修辞资源取决于能否增强其说服的效果；被说服者的注意力程度、文化水平、知识构成、理性程度是影响说服者选择修辞资源的重要变量。④

在投诉活动中，诉诸平等、公平、正义等人们共通的价值观，运用大众日

---

① 在说服活动中，演说者必须获得观众的信任，而使用修辞术是演说者获取观众、读者信任的重要手段。尼采发现，在庭辩活动中，演说者"必须即刻赢获听众的心"，"对于演说者来说，至关重要的乃是被视作好人，以便获取信任度"。尼采：《古修辞讲稿》，屠友祥译，华东师范大学出版社，2018年，第96~97页。

② 波斯纳：《超越法律》，苏力译，中国政法大学出版社，2001年，第572~588页。

③ 王希杰：《修辞学导论》，湖南师范大学出版社，2011年，第3页。

④ 米传振：《论作为政治修辞的"不忘初心"》，《成都大学学报（社会科学版）》，2021年第5期，第20~31页。

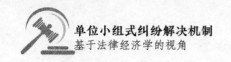

常观念中的强弱二分模式将投诉方塑造成被欺压的、被侵害的弱者，发布一些具有视觉冲击力的现场图片，并制作详细罗列支撑其权利主张的图表等都将在最大程度上增强投诉方的可信赖性、投诉内容的可理解性与投诉诉求的合法性。投诉方除了要面对大众宽泛的注意力硬约束，投诉方在说服大众的过程中还将产生高昂的交易费用或信息费用。在投诉活动中产生信息费用的原因有很多：纠纷内容是否复杂；纠纷内容是否具有很强的专业性；大众能否对投诉内容的进行准确的解码；大众吸收投诉信息的成本是否高昂；投诉方对于大众是一个陌生人，能否赢得社会大众的信任；投诉方能否让大众相信其投诉内容是真实的、其诉求是合理的。相关研究表明，传播的有效性取决于两个要素：信息传播者的可信赖性与信息的可理解性。① 对于大众而言，投诉方是一个十足的陌生人，投诉方必须巧用表达方式中的修辞方式才有可能吸引在物理距离上遥远、在实际利益上不相干、在注意力上宽泛的大众的关注和信任。投诉方可能诉诸人们普遍认同的、基本的、共通的价值观，而诉诸人们普遍认同的价值观是常见的修辞手法，平等、公平、正义、自由这类价值观的追求往往成为投诉活动中常见的修辞手法，在投诉活动中屡见不鲜。

日常观念中的强弱二分结构在投诉活动中被投诉方应用得淋漓尽致。在日常观念中，大众常常运用强弱二分模式对相关个体进行粗略区分。比如，在消费者与生产者、老年人与中年人、女性与男性、雇员与雇主、学生与老师、患者与医疗机构、行人与司机、儿童与成人等关系中，大众往往认为前者是弱者，后者是强者，并且认为法律应当对弱者予以倾斜。尽管在具体的个体关系中，强者与弱者的地位会产生流变，但是，现代社会会通过立法对弱者予以倾斜性保护，笔者也认为法律应当对弱者进行倾斜。投诉方在对纠纷的描述中往往有意利用"成年男性与弱小女性""上级领导与下属员工""专业的医疗机构与赢弱的患者""实力雄厚的大公司与普普通通的底层员工"等预先设定的强弱二分模式②，将投诉方描述成被欺压的、被侵害的弱者，达到情感感染的效果。投诉方运用强弱二分模式降低了大众吸收投诉的信息费用。人是视觉动物，更容易接收影像、图片中所承载的信息。③ 人们对文字进行解码的成本偏

① 吴元元：《信息能力与压力型立法》，《中国社会科学》，2010 年第 1 期，第 147~159，224 页。
② 争议双方当事人之间的强弱关系并非一成不变，而是可能发生流变的，在特定的、具体的语境中，在一般观念中的弱者完全有可能利用某些条件和策略达到对强者的支配权力的反转。吴元元：《信息能力与压力型立法》，《中国社会科学》2010 年第 1 期，第 147~159 页。
③ 苏力：《为什么未老先衰？——"法律与文学"在当代中国》，《法律科学（西北政法大学学报）》，2021 年第 5 期，第 3~16 页。

高，而对图片和视频进行解码的成本较低。与文字相比，图片更能影响人的认知。有研究者通过实验发现，远期的消费者对某一产品的态度受到文字评论的影响更大；而近期的消费者受到图片评论的影响更大。这意味着与文字相比，图片更能影响人的近期决策。[①] 在大众的认知模式中倾向于"无图无真相"，投诉方在曝光纠纷时往往发布一些具有视觉冲击力的现场图片、聊天截图，制作图表详细罗列支撑其权利主张的证据说理，主动帮助大众对投诉信息完成有效的解码和吸收。在投诉活动中，以上表达方式将在最大程度上使投诉人赢得大众的信任。

投诉方所使用的表达方式可能是经过精心挑选或有意设计的。当然，案件事实真相有可能确实接近投诉方的描述，正如波斯纳所说，"如果信息费用很高，修辞也许就不可缺少"[②]，即便是投诉方向公权力机关寻求救济，也要让投诉方陈述，"信息成本高也许可以解释在法律和政治上为什么都看重对抗制"[③]。人类社会中所有的说服活动都必然运用适当的表达方式。即便是公权力机关从事公务活动也会面临产生信息费用的硬约束：法院在写判决书时要面临说服原告、被告而产生的信息费用；检察机关在公诉活动中，比如撰写公诉词也会面临说服法院而产生的信息费用。因此，公权力机关在处理投诉方的诉求时也会面临获取案件事实真相等产生的信息费用。

即使投诉方在表述过程中使用了适当的修辞方式也并不必然能使该投诉活动吸引大众的关注，更不必说使投诉活动成为舆论关注的焦点。运用适当的修辞方式是投诉方的投诉成为舆论热点的必要不充分条件：一个投诉活动要想吸引社会舆论的关注，投诉方必须运用适当的修辞方式，而投诉方运用了适当的修辞方式却不必一定引发社会舆论的关注。笔者追求以冷静、客观、中立的立场切入纠纷，在此处将修辞方式的运用纳入分析是要强调：与向公权力机关寻求公力救济及直接向被投诉方所属单位投诉相比，通过第三方渠道曝光该投诉的博弈策略对投诉方的个人能力有十分苛刻的要求，灵活运用适当的修辞方式是使该投诉引发大众关注和成为舆论热点的必要条件，而由于交易费用的存在，投诉方运用了适当的修辞方式并不等于他的目的是颠倒黑白。

[①]　杨颖、朱毅：《无图无真相？图片和文字网络评论对服务产品消费者态度的影响》，《心理学探新》，2014 年第 34 卷第 1 期，第 83~89 页。

[②]　波斯纳：《超越法律》，苏力译，中国政法大学出版社，2001 年，第 588 页。

[③]　波斯纳：《超越法律》，苏力译，中国政法大学出版社，2001 年，第 576 页。

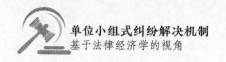
第三节　被投诉方所属单位的应对策略

从动态博弈进程看，投诉方如果选择向法院提起诉讼，此时的博弈仅仅是投诉方和被投诉方在法庭上的博弈。在适用单位小组式纠纷解决机制的案件中，假如投诉方向法院提起诉讼，只有极个别案子的投诉方会将被投诉方所属单位列为被告。绝大多数被投诉方所属单位不应是适格的被告，投诉方难以找到要求被投诉方所属单位向其承担责任的法律依据。因此，笔者认为没必要考虑少数被投诉方所属单位应向投诉方承担责任的情况。

投诉方自认为受到的侵害可能并非源于被投诉方履行职务行为，被投诉方所属单位有多种策略应对投诉。然而，基于单位的管理职责、主管部门的问责压力、投诉方继续向上级投诉等多个因素进行综合判断，单位的不作为策略是不理性的。投诉人能否引发舆论的强烈关注是不确定的，被投诉人所属单位会依情况相机而动：当来自主管部门的压力大，舆论关注度高，社会大众可能实施连带责任惩罚，那么，该单位将积极应对；否则，该单位将采取消极作为策略。由于高等院校、大型公司等单位并非专业的纠纷解决机构，其内部亦不会设置专门的纠纷处理部门，因此，它们可能会成立跨部门的小组处理纠纷。运用单位小组式纠纷解决机制能够高效化解纠纷，这一效率优势对于被投诉方、被投诉方所属单位均具有吸引力。

一、采取不作为的策略

无论是投诉方直接向被投诉方所属单位投诉，还是通过第三方渠道曝光该投诉，这两个博弈策略均将投诉活动指向了被投诉方所属单位。但是，多数情况下又难以找到投诉方要求被投诉方所属单位向投诉人承担责任的法律依据。在民法上，被投诉方所属单位与被投诉方之间的关系可能是雇主与雇员。但是，投诉方自认为受到侵害的行为可能并非源于被投诉方的职务行为，被投诉方所属单位与被投诉方之间的劳动关系、雇佣关系、管理与被管理关系并不足以为投诉方的投诉行为提供完全合理的支撑，因此，民法学上的雇主责任可能没有适用的空间。缺乏要求被投诉方所属单位承担责任的法律依据并不意味着投诉方就必然不能向被投诉方所属单位进行投诉。即便有的投诉活动可能难以在法律法规中找到支持，但是，如果在人们的日常观念中相关当事人可以向被投诉方所属单位投诉，那么，笔者对单位小组式纠纷解决机制的探讨仍然是有意义的。社会大众接受投诉方可以向被投诉方所属单位投诉的直接原因是被投诉方所属单位与被投诉方之间存在管理与被管理的关系。基于单位与成员之间的管理与被管理关系，大众认可投诉方可以向被投诉方所属单位投诉，这种认可的正当性主要是社会学和法理学意义上的，而并不必然或必须是法律法规层面的。

被投诉方所属单位有多种策略回应投诉方针对其雇员的投诉行为，被投诉方所属单位可以采取不作为、听之任之的策略，让该投诉随着时间的流逝被渐渐遗忘或不了了之。比如，在职场性骚扰案件中，被侵害者与侵害者之间很可能是上下级关系，侵害者甚至可能是该单位的领导，当被投诉方在该单位享有很高的职务、拥有很大的权力时，被投诉方所属单位严厉处置被投诉方可能会给单位发展带来不利，因此，被投诉方所属单位可能并不愿意因为投诉方的投诉而严厉处置有违法行为的被投诉方。然而，该被投诉方所属单位对不作为、听之任之的策略也可能面临一定的风险：该单位在知道或者应当知道投诉行为之后，基于其对被投诉方的管理职责至少有道德性的义务对投诉内容是否属实，以及如何处理该投诉做出回应。

除被投诉方所属单位基于管理职责不能对投诉听之任之外，考虑到无论是投诉方采取哪种投诉途径，被投诉方所属单位的上级部门、主管单位等也可能有一定的概率对该单位的不作为、听之任之态度进行问责。来自上一级管理部门、主管单位的问责压力也是被投诉方所属单位必须考虑的一种变量，这也会对该单位的策略选择产生影响。比如，如果被投诉方所属单位对投诉内容不作为，听之任之，投诉方可能进一步向其上级管理部门、主管单位进行投诉。政法治理模式下的救济机制是政治、社会、法律等在内的多种救济方式综合运用和横向互动①，因此，任何相关单位都不愿看到因投诉活动而引发的紧张舆情。不难看出，基于被投诉方所属单位对被投诉方的管理职责，被投诉方所属单位的上级管理部门、主管单位可能对被投诉方所属单位的不作为态度问责，投诉方可能向被投诉方所属单位的上一级机构进行进一步投诉，不作为策略是被投诉方所属单位的"严格劣策略"。在博弈论中，"严格劣策略"是博弈论中对参与人进行策略选择时对策略的可行性进行描述的术语，是不论对方参与人如何选择，参与人在任何情况下都不会选择的策略。

---

① 刘涛、毕可志：《转型中国的政法救济机制》，《烟台大学学报（哲学社会科学版）》，2011年第24卷第4期，第47~54页。

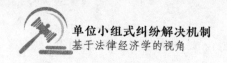
二、采取消极作为的策略

循此路径，同样是回应投诉，被投诉方所属单位可以消极回应，也可以积极回应。该单位有理由采取消极作为的策略，该策略的合理性理由如下：既然投诉方声称被投诉方对其实施了违法甚至犯罪行为，那么，投诉方应该向法院、公安机关、检察机关等公权力机关寻求救济，而不是向非专业的单位投诉。绝大多数被投诉方的行为不只是涉嫌违反伦理道德，而是涉嫌侵犯投诉方的法定权利，如果投诉的内容属实，一般而言投诉方都能找到支持其权利主张的法律依据。换言之，被投诉方所属单位若采用消极作为的态度处理投诉，要求投诉方转而寻求公力救济（比如向法院起诉），用消极的方式将投诉的力量反作用于投诉方。

如果被投诉方在被投诉方所属单位起着举足轻重的作用，即便该投诉内容属实，被投诉方所属单位可能主观上不想严肃处理被投诉方。政法治理因素仍将在此时继续发挥作用，情况变得更加复杂：在社会大众的观念里，被投诉方所属单位对被投诉方负有管理职责；被投诉方所属单位的上级部门、主管单位可能对该单位的消极态度进行问责——特别是在投诉活动有可能引发大规模舆情的情况下。综合分析以上因素，被投诉方所属单位对投诉方采取消极作为策略可能只是一个中规中矩的博弈策略，至少不是一个严格占优策略。

前文强调投诉方可能通过新闻媒体和互联网社交平台等第三方渠道曝光该投诉的博弈策略是有其优势的。投诉方的投诉活动能否引发社会舆论的强烈关注是不确定的。此种情况下，被投诉方所属单位会依据情况"相机决策"（相机决策又叫相机选择，是博弈论动态博弈中的重要概念）。由于动态博弈中参与人的策略是多阶段的行动计划，实施起来有一个过程且又没有强制力，因此，博弈参与人完全可以在博弈过程中改变计划，此即相机决策。在动态博弈中，参与人的策略是事先设定的，是在博弈相应阶段实施的计划，但是这些策略并没有强制力，博弈参与人无法阻止其他博弈参与人在博弈过程中改变计划。在动态博弈当中，参与人的选择都会因前一阶段的博弈情况发生改变，或者参与人针对整个博弈进行分析会选择对于自己最有利的策略。比如，在经典的"开金矿博弈"中，如果没有完善的法律保障，参与人的策略选择是一种情况；如果有完善的法律保障，参与人的策略选择会是另一种情况。①

---

① 谢识予：《经济博弈论（第三版）》，复旦大学出版社，2002年，第110~114页。

总之，被投诉方所属单位会视情况相机行动：如果来自上级主管部门的压力很大，社会舆论的关注度很高，特别是大众极有可能对被投诉方所属单位自发实施连带责任惩罚，那么，被投诉方所属单位对于该投诉行为就有可能由消极应对策略转向积极应对策略；反之，如果投诉行为并没有引发社会舆论的强烈关注，该单位没有遭受潜在的声誉罚和其他损失，则该单位便会采取消极作为的应对策略。

三、被投诉方所属单位成立小组处理纠纷

被投诉方所属单位也可能积极回应投诉方的投诉行为，笔者将积极回应投诉行为等同于被投诉方所属单位迅速成立小组处理投诉。被投诉方所属单位运用调查小组或工作小组处理纠纷的过程主要包括小组行使调查权，查明投诉内容是否属实，并依据小组的调查情况对被投诉方做出相应处置，影响被投诉方所属单位可能采取不作为的策略。被投诉方所属单位对被投诉方的管理职责，被投诉方所属单位的上级部门、主管单位的问责压力，投诉方在未得到满意结果之前会向被投诉方所属单位的上一级单位再次投诉，以上三个变量都将一直发挥作用。但是，以上三个变量在短时间内发生极大变化的可能性很小，这是符合现实社会情况的合理假定。笔者并非认为上述三个变量不会发生变化，而是认为，在一般情况下，上述三个变量不会对被投诉方所属单位的策略选择在此种情形产生决定性影响。最有可能发生迅速变化的变量是社会舆情。从因果关系分析，主管部门的问责压力可以被理解为社会舆情的走向。因此，笔者假定前述三个影响被投诉方所属单位策略选择的变量在短时间内未发生较大变化，将研究重点放在大众可能对被投诉方所属单位自发实施的连带责任惩罚上。

大众自发实施的声誉罚是影响被投诉方所属单位相机选择的主要变量，而大众对被投诉方所属单位自发实施的连带责任惩罚的概率主要受社会舆论的影响。随着事态一步步地升级，如果社会舆论自发对被投诉方所属单位实施连带责任惩罚的可能性增大，被投诉方所属单位不再相机决策，必将采取积极措施应对投诉行为。由于以高等院校、大型公司等为代表的单位并非专业的纠纷解决机构，其正常职能并非处理投诉纠纷，在这类单位组织内部亦不会设置专门的纠纷处理部门，因此，这类单位会成立跨部门的小组处理纠纷。积极应对策略具有以下几方面的直接好处：迅速化解双方当事人之间的纠纷，尽力减少因投诉产生的财产损失，尽量减少甚至避免因被投诉方可能存在的违法犯罪行为

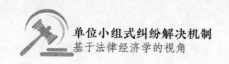

遭受惩罚。大众对被投诉方所属单位实施了惩罚并不意味着被投诉方必然存在违法犯罪行为，此处的关键是，经过投诉方的投诉行为，只要大众在观念中认为被投诉方存在违法犯罪行为就有可能实施惩罚。

成立小组处理该纠纷的积极应对策略具有效率优势，能够迅速化解双方当事人之间的纠纷。运用单位小组式纠纷解决机制的大多数投诉在短时间内能得到较为妥善地解决，即便其他几个耗时较长的案件也能在几个月内得到解决。

单位小组式纠纷解决机制凸显出比向法院提起诉讼更为高效、迅速的特征。"迟到的正义非正义"——这句法谚背后的道理就在于时间本身能够产生价值。由于存在贴现因子，被推迟的正义丧失了其时间价值，从而导致正义价值的贬损。[①] 因此，解决纠纷耗费时间的长短是影响当事人选择纠纷解决机制类型的重要变量。相对于公力救济所要耗费的时间和案件处理结果的不确定性，在其他因素相同时，直接向单位投诉无疑对投诉方有吸引力。单位小组式纠纷解决机制迅速高效地化解纠纷的特点对被投诉方所属单位同样具有很大的吸引力。单位小组式纠纷解决机制减少了被投诉方所属单位因投诉纠纷产生的财产损失，尽量减少或避免了被投诉方所属单位因被投诉方的违法犯罪行为遭受惩罚。在社会大众的认知结构中认定被投诉方侵犯了投诉方的法定权利时，如果该单位未对投诉做出处理，大众则会对被投诉方所在单位有看法。该惩罚是一种基于被投诉方及其单位的不作为行为的连带责任[②]，这在本质上是一种团体责任，这一观点也得到了法律社会学家的支撑。[③] 被投诉方所属单位运用单位小组式纠纷解决机制迅速化解该投诉为该单位赢得了时间，划清了其与被投诉方之间的界限，表明了其严格追究被投诉方违法犯罪行为的态度。

[①] 桑本谦：《法理学主题的经济学重述》，《法商研究》，2011年第2期，第25～33页。

[②] 张维迎、邓峰：《信息、激励与连带责任——对中国古代连坐、保甲制度的法和经济学解释》，《中国社会科学》，2003年第3期，第99～112，207页。

[③] 韦伯曾论证，家族共同体内的成员皆对其他成员的债务负责，早期资本主义对信用的需求发展出组合的所有成员须对该组合之债务负连带责任。韦伯：《经济与历史；支配的类型》，康乐等译，广西师范大学出版社，2010年，第131～132页。

第四节 多方动态博弈的模型

在博弈论现有的模型中，"开金矿博弈"及其变化形式"有法律保障的开金矿博弈"和"法律保障不足的开金矿博弈"展示了在一个追求自身利益最大化的社会中，完善、公正的法律制度不但能够保障社会的公平还能够提高社会经济活动的效率。一国的法律制度本身应当对正当权利提供保护，且对侵害他人利益者形成足够的威慑。当打官司的威胁是一种"不可置信的威胁"时，难以促成经济社会中的广泛合作。[①] 在博弈论的经典模型中，声誉罚机制发挥作用的条件是重复博弈，重复博弈是声誉罚机制发挥作用的条件这一观点在博弈论之外的其他研究中也得到了印证。比如，埃里克森认为的"无需法律的秩序"的形成条件之一也是人与人之间的重复博弈。[②] 单位小组式纠纷解决机制发挥作用的重要条件是大众可能基于被投诉方涉嫌违法的犯罪行为而对其所属单位亦实施惩罚。这种声誉罚主要是基于被投诉方所属单位对被投诉方的管理职责，而非投诉方和被投诉方所属单位之间的重复博弈。笔者没有在已有的博弈模型中找到可以分析投诉方与被投诉方所属单位之间博弈的模型，本节对投诉方、被投诉方、被投诉方所属单位三位参与人之间的博弈进行建模。鉴于笔者的关注对象是单位小组式纠纷解决机制，在该机制中最重要的博弈必然是投诉方与被投诉方所属单位之间的博弈。虽然在投诉方与被投诉方、被投诉方与被投诉方所属单位之间也存在博弈，但是，这两个博弈不是研究重点。

一、投诉方与被投诉方之间的博弈模型

图 2-1 是投诉方与被投诉方之间的博弈模型。

---

① 谢识予：《经济博弈论（第三版）》，复旦大学出版社，2002 年，第 110~114 页。
② 拜尔等：《法律的博弈分析》，严旭阳译，法律出版社，1999 年，第 172~179 页。

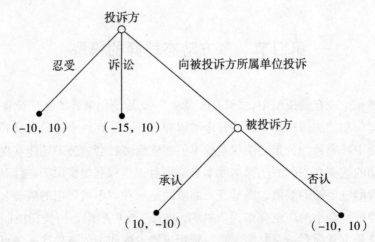

图 2-1　投诉方与被投诉方之间的博弈模型

　　该博弈假定与向法院提起诉讼相比，进行投诉活动未给投诉方造成明显的成本，而向法院提起诉讼耗费投诉方的成本是 5 个单位，这一假定符合我们的认知；该博弈假定投诉方可以选择忍受损失、向法院提起诉讼、向被投诉方所属单位投诉这三个策略；该博弈假定被投诉方的违法犯罪行为对投诉方造成的损失为 -10 个单位①，被投诉方从其违法行为中获得的收益（pay off）为 10 个单位。在该博弈中，投诉方先行动，被投诉方后行动。该博弈假定暂时不考虑投诉活动对被投诉方所属单位的影响，在该博弈中，无论被投诉方是否确定投诉方拥有足够的证据，（投诉方选择投诉、被投诉方选择否认投诉方的投诉）以及（投诉方忍受、被投诉方不行动）是该博弈的纳什均衡。

　　在该博弈中，假定向法院诉讼时的收益（-15）低于向被投诉方所属单位投诉时的收益（-10）有诸多不利因素使得投诉方不会选择向法院提起诉讼：通过向被投诉方所属单位投诉解决该纠纷耗费的时长比向法院提起诉讼解决该纠纷耗费的时长要短很多；向法院提起诉讼对提交的证据和所主张权利的证明标准，比向被投诉方所属单位投诉解决该纠纷所要求提供证据的证明标准要高很多；被投诉方与投诉方之间存在实际上的不对等关系，向法院提起诉讼使被投诉方与投诉方之间的矛盾公开化，而投诉的形式多种多样，投诉可以匿名，也可以由他人代为投诉，从而避免与被投诉方直接发生冲突乃至被他人报复；投诉行为不会使投诉方产生明显的成本，但是，向法院提起的诉讼若败诉则将

----

　　①　在博弈论中，参与人的收益值可以是负数。投诉方与被投诉方之间的博弈是零和博弈，投诉方的损失即被投诉方的收益，因此，投诉方的收益为 -10。

承担诉讼费用和败诉后果；在一些涉及侵犯知识产权的行为中，投诉方即便能够赢得诉讼，仍要付出必要的诉讼成本，而即便胜诉通过诉讼所获得的收益却可能不显著；由于司法最终救济原则①，投诉方即便不能通过投诉化解纠纷，仍可以继续向公权力机关寻求救济。笔者认为以上众多因素共同决定了投诉方向法院提起诉讼的收益低于向被投诉方所属单位进行投诉的收益。

实践中，被投诉方往往不承认投诉内容属实。理由是显而易见的：承认投诉内容属实会造成其在该单位内部个人声誉上的贬损，可能会被单位解雇，可能面临赔偿责任。还有一个重要原因促使被投诉方采取不承投诉内容属实的策略：被投诉方认为投诉方没有足够的证据，被投诉方和投诉方对投诉结果的预期不一致，被投诉方认为投诉可能会了不了之。被投诉方的考虑并非毫无根据，缺乏足够的证据是实践中一部分投诉方未能选择公力救济的重要原因。在一些涉及歧视、性骚扰、性侵的案件中，受害人往往普遍缺乏足够的证据，难以满足法律机制正常运行所要求的信息的可观察性和可验证性。

总之，导致投诉发生的原因是投诉方自认为其正当权利受到了被投诉方的损害。如果被投诉方向其所属单位承认投诉内容属实，则该博弈结束，也就不会有后续的单位小组式纠纷解决。正是因为投诉方与被投诉方未就解决纠纷达成一致意见、被投诉方不承认投诉内容才导致投诉方向被投诉方所属单位投诉。

二、被投诉方与其所属单位的博弈模型

就投诉活动而言，被投诉方与被投诉方所属单位之间也存在博弈。被投诉方对投诉内容是否承认、被投诉方在其所属单位处于什么样的位置或发挥什么样的作用将对该单位的策略选择产生影响。图 2-2 为被投诉方与其所属单位之间的博弈。实践中，单位小组式纠纷解决机制有比较广泛的适用空间。该博弈假定投诉方能够灵活运用表达方式中的修辞方式并通过新闻媒体和互联网社交平台引发社会舆论的关注，还假定被投诉方在该单位起着重要作用。被投诉方所属单位的策略选择（不作为、消极应对、积极应对三种策略）已经在前文进行了分析。被投诉方在任何情况下都将采取否认投诉内容的策略，所以该博弈的子博弈完美纳什均衡为：被投诉方否认，被投诉方所属单位积极应对。

---

① 傅郁林：《多层次民事司法救济体系探索》，《当代法学》，2013 年第 2 期，第 105~115 页。

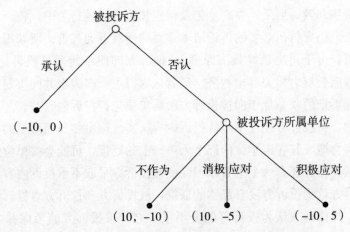

图2-2　被投诉方与被投诉方所属单位之间的博弈模型

如果被投诉方承认投诉内容属实，那么被投诉方所属单位没有必要仔细考虑如何应对投诉行为，直接处置该纠纷即可。在其他因素相同的前提下，如果被投诉方在其所属单位起着举足轻重的作用，即便该投诉内容属实，被投诉方所属单位可能也不会严肃处理被投诉方——因为单位自身可能也会因此遭受较大的损失。此时，被投诉方所属单位更有可能采取消极应对策略。假如被投诉方在其所属单位只是一名普通员工，再加上投诉方能够灵活运用表达方式赢得社会大众的信任并引发了社会舆论的关注，那么成立小组及时解决纠纷便是被投诉方所属单位的理性选择。然而，尽管笔者搜集到的案例均是通过互联网社交平台曝光且引发了强烈的舆论关注的，但并非所有的投诉都能够赢得公众信任和关注。笔者在此处只是想强调，该博弈看似是被投诉方与被投诉方所属单位之间的博弈，但是这一博弈本身受到了博弈之外的因素和其他相关博弈（投诉方与被投诉方之间的博弈）的影响，该单位的博弈策略选择实际上取决于投诉方的个人禀赋和社会舆论对投诉的关注度。

博弈模型不需要假定投诉方的投诉内容属实，即不要求投诉方向被投诉方所属单位提出足够的证据证明其正当权利受到了侵害；博弈模型也不要求被投诉方所属单位实际掌握被投诉方是否侵害了投诉方的正当权利的相关信息。这意味着，即便该单位不确定被投诉方是否实际上侵害了投诉方的正当权利，只要投诉活动赢得了大众的信任并引发社会舆论的关注，该单位不得不迅速成立小组及时处置该投诉。在社会舆论强烈关注的纠纷中，被投诉方的个人行为具有道德瑕疵或违反道德规范——不必然违反国家法律法规——也可能会导致被投诉方和其所属单位遭到社会舆论的谴责。此时，被投诉方所属单位是否掌握投诉纠纷事实真相的信息、了解被投诉方是否违反了国家法律法规等情况均并不影响其在该博弈中的策略选择。

三、投诉方与被投诉方所属单位的博弈模型

（一）博弈的要素

投诉方与被投诉方所属单位之间的博弈是研究重点，由于单位小组式纠纷解决机制至少涉及三方博弈参与人，接下来分析投诉方与被投诉方所属单位之间的博弈之前，首先应当分析投诉方与被投诉方之间的博弈。

投诉方与被投诉方之间的博弈模型如图2－3所示。投诉方的先一步行动直接发起了该博弈。投诉方选择向法院提起诉讼时法院最终支持该案件的概率为 P_s。投诉方向被投诉方所属单位直接投诉，该单位支持投诉方的投诉内容的概率为 P_{j1}，该博弈假定 $P_s < P_{j1}$，$P_s < P_{j1}$ 的具体依据将在后文详细阐述。和图2－1中的博弈模型相比，该博弈的特点是以概率 P_s 和 P_{j1} 界定相关博弈参与人的收益。

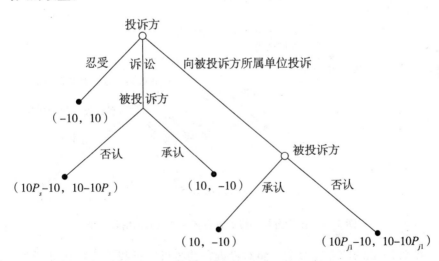

图2－3　投诉方与被投诉方之间的博弈模型

在图2－3的博弈模型中，投诉方首先行动，其博弈策略如下：在投诉方自认为其正当权益受损时，投诉方可以选择忍受或寻求救济。如若选择忍受，则该博弈结束；如若选择寻求救济，投诉方可以向公权力机关寻求救济，在该博弈中将其简化为"诉讼"；投诉方也可以向被投诉方所属单位投诉，在该博

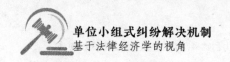

弈中将此种情况简化为"投诉"。面对投诉方的投诉，被投诉方的应对策略如下：被投诉方承认该投诉属实，则该博弈结束；被投诉方否认该投诉属实，投诉方与被投诉方之间的博弈亦结束，投诉方与被投诉方所属单位之间的博弈则开始。

图2-4是本节重点分析的投诉方与被投诉方所属单位之间的博弈模型。与图2-1中的博弈不同之处是图2-4中的博弈不再将"忍受"作为投诉方的策略，这样做的原因在于将"忍受"作为投诉方的博弈策略会使该博弈模型复杂化，但对于认识投诉方与单位之间的博弈过程又不具有启发意义。该博弈模型延续了前面的假定，假定投诉方因被投诉方的违法行为遭受的损失为10个单位，此外，该博弈还假定被投诉方所属单位遭受的连带责任处罚为5个单位，被投诉方所属单位积极处理投诉赢得社会大众的声誉奖励是5个单位，并对相应博弈策略的收益进行赋值。

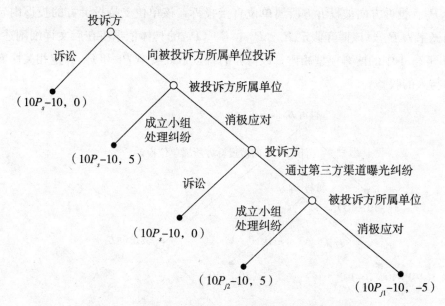

图2-4 投诉方与被投诉方所属单位之间的博弈模型

在图2-2的博弈模型中，面对投诉方的投诉和被投诉方的否认投诉，被投诉方所属单位可以选择的策略有不作为、消极应对和积极应对三种策略。与图2-2中的博弈不同，在图2-4中的博弈，该博弈假设该单位的策略只有消极应对和积极应对两种，原因为前文所说不作为是被投诉方所属单位的"严格劣"策略，此处再将不作为设定为博弈策略就没有实际意义。因此，该博弈的主要目的是对比消极应对和积极应对两种应对策略之间的差异。该博弈继续假定投诉方有较强的表达能力，也能够较好地通过新闻媒体和互联网社交平台等渠道组织投诉内容。

在图2-4中，该博弈假定投诉方先选择直接向被投诉方所属单位投诉，如果被投诉人否认投诉，投诉方再选择进一步通过新闻媒体和互联网社交平台等第三方渠道曝光该投诉。这一假设的弊端是不能完全涵盖所有情况，在纠纷实际解决过程中，投诉方可能"双管齐下"：既直接向被投诉方所属单位投诉，又通过新闻媒体和互联网社交平台等第三方渠道曝光该投诉。当然，在实际案例中，投诉方还有可能只通过新闻媒体和互联网社交平台等第三方渠道曝光该投诉。但是，无论如何通过互联网社交平台等搜集的案例表明无论当事人有没有向被投诉方所属单位投诉，他们均通过新闻媒体和互联网社交平台等第三方渠道曝光了该投诉纠纷。

通过新闻媒体和互联网社交平台等第三方渠道曝光该投诉是处理纠纷时投诉方的共性。博弈模型的主要功能是节约人们的思考成本。众所周知，比例尺是一比一的地图是没用的，博弈模型的假设并非必须与现实完全吻合。因此，该博弈假定投诉方首先直接向被投诉方所属单位投诉，投诉行为无果后再通过第三方渠道曝光该投诉。这一假设的好处是它清晰地展示了三方参与人之间的动态博弈过程、单位小组式纠纷解决机制的形成过程。实际案例说明，一部分投诉方能通过较强的表达能力和运用互联网社交平台等赢得社会大众的信任。因此，我们在一定程度上可以将投诉所引发社会舆论的关注度等同于该单位的主管部门、上级单位将对该单位问责的可能性。

（二）影响博弈参与人策略选择的变量

由于博弈模型不能完全表现多方多阶段博弈的过程，图2-4中的博弈模型对三方博弈过程有所省略，没有展示出被投诉方及其所属单位之间的博弈。图2-4博弈模型的亮点有三个：一是决定投诉方、被投诉方所属单位收益的重要因素分别是 P_j 和 P_s，投诉方向被投诉方所属单位直接投诉，该单位支持投诉方的投诉内容的概率为 P_{j1}；二是该博弈将投诉方通过新闻媒体和互联网社交平台等第三方渠道扩大投诉活动影响力作为其策略之一，并且认为与直接向被投诉方所属单位投诉相比，投诉方通过新闻媒体和互联网社交平台投诉扩大了投诉活动的影响力，使得该单位支持投诉方诉求的概率提高到 P_{j2}，即 $1 \geqslant P_{j2} > P_{j1} \geqslant 0$。$1 \geqslant P_{j2} > P_{j1} \geqslant 0$ 是解决被投诉方所属单位在单位小组式纠纷解决机制中相机选择的关键。投诉方通过新闻媒体和互联网社交平台扩大投诉行为的影响力将对该单位形成强大的威慑。三是该博弈将向法院提起诉讼纳入了

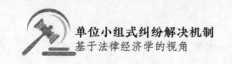
分析，对向法院提起诉讼与向单位投诉两种博弈策略的优劣进行了仔细比较。

该博弈认为 $1 \geqslant P_{j2} > P_{j1} \geqslant 0$ 的依据如下：投诉方通过新闻媒体和互联网社交平台曝光了投诉，扩大了投诉活动的影响力，若被投诉方所属单位未能及时应对舆情则会直接面临连带责任惩罚。本章第三节显示，在纠纷是否引发舆论关注尚不明朗的情形下，被投诉方所属单位在消极应对和积极应对之间会相机而动。由于该博弈假设投诉方首先向被投诉方所属单位直接投诉，该投诉行为不被被投诉方所属单位支持后再进一步通过互联网社交平台扩大投诉行为的影响力，因此，在投诉方直接向单位投诉时，该单位会消极应对，这种情况下投诉方赢得投诉纠纷的概率为 P_{j1}。比起不作为、消极应对，该单位成立小组积极处置投诉无疑会增加投诉方赢得投诉的可能性。综上所述，$1 \geqslant P_{j2} > P_{j1} \geqslant 0$。

（三）运用逆向归纳法解投诉方与被投诉方所属单位之间的博弈

对投诉行为不作为是被投诉方所属单位的严格劣策略，该单位会在消极应对与积极应对之间相机选择：当来自上级部门、主管单位的问责压力较大，社会舆论对投诉纠纷的关注较高，特别是大众极有可能对被投诉方所属单位自发实施连带责任惩罚时，被投诉方所属单位对于该投诉活动的应对策略就有可能由消极应对策略转向积极作为策略；当该投诉行为没有引发社会舆论的强烈关注、大众对被投诉方所属单位自发实施连带责任惩罚的可能性较小，被投诉方所属单位不太可能遭受潜在连带责任惩罚或其他损失时，该单位可能采取消极应对策略。该博弈还假定投诉方较强的表达能力。运用逆向归纳法解该博弈，被投诉方所属单位会积极应对投诉，即成立小组调查纠纷事实真相，这是该单位的严格占优策略。该单位运用单位小组式纠纷解决机制能迅速化解该投诉，实现其与被投诉方的"切割"，表明其将严格追究事实真相的态度，有利于减少或避免单位遭受连带责任惩罚的可能。实践中，该单位成立小组处理投诉还有以下好处：借成立小组掌握处理投诉的主动权，以最快速度查明事实真相，避免引发上级主管机关的问责，由于投诉方仍有可能诉讼，与其被动等待，单位不如主动查清真相，这样反而能赢得社会大众的认可和赞誉。

继续运用逆向归纳法求解该博弈。影响投诉方选择向法院提起诉讼还是直接向被投诉方所属单位投诉的变量如下：两种救济方式所耗费时间的长短、投诉方是否有足够的证据支撑其诉求、两种救济方式对投诉方所提供证据的合法性要求的严格程度、两种救济方式对纠纷内容的证明标准高低、两种救济方式是否互相排斥（向被投诉方所属单位投诉后能否再选择诉讼）等。这些变量共同发挥作用，最终形成了投诉方选择诉讼时法院支持该案件的概率 P_s、被投诉方所属单位最终支持投诉方诉求的概率 P_j。

本书认为 $P_j > P_s$，即 $P_{j2} > P_{j1} > P_s$ 原因如下：

第一，耗费时间长短是影响博弈参与人策略选择的重要变量。一般而言，同样是解决纠纷，当事人向法院提起诉讼比直接向被投诉方所属单位直接投诉所耗时间长。因此，即便能最终获胜，投诉方向法院提起诉讼所得收益的贴现因子也较大，"迟到的正义非正义"。当事人可能不会向法院提起诉讼。

第二，与直接向被投诉方所属单位投诉相比，法庭的诉讼程序对证据的来源、获取方式、获取途径有更为严苛的合法性要求，对证据的标准要求较高。例如，《最高人民法院关于适用〈中华人民共和国民事诉讼法〉的解释》第一百零六条规定："对以严重侵害他人合法权益、违反法律禁止性规定或者严重违背公序良俗的方法形成或者获取的证据，不得作为认定案件事实的根据。"与向法院提起诉讼相比，投诉方直接向被投诉方所属单位实施的投诉活动则对相关证据的来源、获取方式、获取途径的合法性要求较低。

第三，司法治理机制是第三方治理机制。司法审判的正常运行需满足信息的可观察、可验证性，司法治理机制对违法行为、损害事实、违法行为与损害事实之间构成因果关系等多方面内容的证明其标准很高。比如《中华人民共和国民事诉讼法》第七十四条规定："人民法院对视听资料，应当辨别真伪，并结合本案的其他证据，审查确定能否作为认定事实的根据。"依据该规定，视听资料必须结合其他证据才能作为认定事实的依据。根据《最高人民法院〈关于民事诉讼证据〉的若干规定》（法释〔2019〕19号）第九十条的规定，"存有疑点的视听资料"和"无法与原件、原物核对的复印件、复制品"等证据"不能单独作为认定案件事实的依据"。在投诉方的正当权益受到了侵害但相关证据不充分、证据之间不能相互印证、证据真伪难辨、没有保留足够证据等情况下，投诉方胜诉的可能性就会降低。

第四，向法院提起诉讼和向被投诉方所属单位投诉两种策略对投诉方是否有充分、足够的证据支撑、证明其诉求的要求也不同。诉讼程序的正常运转有赖于足够的证据。实践中，投诉方之所以选择投诉的原因之一可能是缺乏足够的证据，并借投诉之机寻找相同受害者，搜集有力的证据。

第五，投诉方还应当考虑到法院存在案件错判的可能性。一旦法院错判了案件，投诉方不仅要承担提起诉讼的费用，而且还要承担已经遭受的损失。经济学理论认为，已经发生的损失对于投诉方而言是"沉没成本"。但是，只要投诉方有一定的概率赢得该案件，该沉没成本对投诉方就是一种预期成本。换言之，投诉方考虑的应当是预期损失。影响投诉方策略选择的比较标准是其向

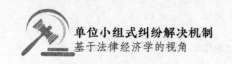

法院提起诉讼策略的"预期收益"与向被投诉人所属单位投诉策略的"预期收益"的大小。投诉方在进行策略选择时并不能事先知道哪种策略必然能获胜。对于投诉方，以上两个博弈策略的收益均是"预期收益"，是实际所得收益与各自获胜的概率相乘之后所得的积。向法院提起诉讼策略的"预期收益"等于诉求被法院支持时所得到的实际收益与 P_s 之积。向单位投诉策略的"预期收益"等于诉求被单位支持时所获得的实际收益与 P_j 之积。仅就为了达到解决纠纷这一目的而言，投诉方通过法院提起诉讼的成本高于向被投诉方所属单位直接投诉的成本。在我国，投诉并非单纯的自发现象，有的投诉行为明确得到了法律法规的支撑。比如《中华人民共和国妇女权益保障法》第四十条规定："禁止对妇女实施性骚扰。受害妇女有权向单位和有关机关投诉。"即便投诉没起作用，投诉方仍有权利继续向法院提起诉讼。《中华人民共和国妇女权益保障法》第五十二条规定："妇女的合法权益受到侵害的，有权要求有关部门依法处理，或者依法向仲裁机构申请仲裁，或者向人民法院起诉。"可见，法律法规也把投诉和诉讼同时作为投诉方的可选策略，且把诉讼作为追求个人正义的"最后一道防线"。

综合考量以上因素，$P_{j2} > P_{j1} > P_s$。这导致投诉方向法院诉讼策略的预期收益低于其向被投诉人所属单位投诉策略的预期收益。由此可知，投诉方的严格占优策略是选择投诉。由于 $1 \geqslant P_{j2} > P_{j1} > P_s > 0$，被投诉方的严格占优策略是否认投诉内容属实，这一点很容易推断出，此处不再赘述。运用逆向归纳法可以得出该博弈的子博弈完美纳什均衡：投诉方选择直接向被投诉方所属单位投诉，被投诉方所属单位选择消极应对，投诉方选择通过新闻媒体和互联网社交平台等第三方渠道扩大投诉行为的影响力，被投诉方所属单位选择成立调查小组解决纠纷。后续的流程便是小组行使调查权查明事实真相，依据调查结论做出处置。根据纳什定理，该博弈至少还有一个混合策略的纳什均衡，但分析该混合策略对于我们认识单位小组式纠纷解决机制没有多大意义，因此不再求解混合策略的纳什均衡。该博弈假设投诉方有能力通过新闻媒体和互联网社交平台等赢得社会大众的信任，笔者将在后文分析对于如何完善新闻媒体和互联网社交平台在单位小组式纠纷解决机制中的角色。

综上所述，单位小组式纠纷解决机制是投诉方、被投诉方、被投诉方所属单位三方之间动态博弈的结果。对于三方之间的动态博弈而言，最核心的问题不是信息不对称等问题，而是威胁的可置信与否的问题。被投诉方所属单位是否具有被投诉方侵害了投诉方的合法权益的信息并不重要，亦不影响该单位在该博弈中的策略选择，重要的是被投诉方所属单位如果未迅速积极处置该纠纷则将面临连带责任惩罚或其他损失。由于在大众的观念中，被投诉方所属单位与被投诉方之间存在管理与被管理的关系，大众会基于被投诉方涉嫌违法的行为而对其所属单位自发实施连带责任惩罚。在学理上，连带责任分为基于行为的连带责任和基于信息的连带责任。对于被投诉方所属单位，社会大众自发实施的连带责任惩罚属于基于行为的连带责任惩罚。即便是该单位不确定被投诉方是否实际上侵害了投诉方的正当权利，只要当投诉行为很可能引发社会舆论对被投诉方所属单位关注时，被投诉人所属单位将不得不迅速成立小组及时处置该投诉，背后的原因是大众实施的声誉罚对于被投诉方所属单位是一个"可置信的威胁"。

第五节　小结

本章运用完全完美信息动态博弈对单位小组式纠纷解决机制中的主要博弈参与人之间的博弈过程进行了分析。投诉方在自认为其正当权利受到被投诉方的不法侵害后有权向法院提起诉讼。然而，双方当事人对案件能否胜诉的预期不一致，投诉方缺乏足够的证据支撑其权利主张，诉讼对证据及其证明标准的要求较高，以及投诉方能通过诉讼得到的收益低、耗费成本高等因素均有可能使得投诉方不选择公力救济。投诉方通过第三方渠道曝光投诉则可能在较短时间内引发舆论的强烈关注，提高被投诉方所属单位遭受连带责任惩罚的概率。被投诉方所属单位惧怕遭受因被投诉方的可能存在的违法犯罪行为而不得不积极应对该投诉，这是投诉方选择向被投诉方所属单位投诉的根本原因，也是单位小组式纠纷解决机制之所以能发挥作用的根本原因。

被投诉方所属单位运用单位小组式纠纷解决机制解决相关纠纷与改革开放之前"单位制"下单位解决相关纠纷不同：在改革开放之前，单位之所以能够化解纠纷是因为单位的封闭性等原因；在当代社会，被投诉方所属单位惧怕被投诉方可能存在的违法行为导致的连带责任惩罚而不得不积极化解纠纷。通过新闻媒体和互联网社交平台曝光投诉的博弈策略对投诉方的表达能力有着苛刻的要求。因此，笔者认为投诉方直接向被投诉方所属单位投诉与通过第三方渠道曝光投诉是两种不同的策略。

投诉方很可能难以找到要求被投诉方所属单位向其承担责任的法律依据。被投诉方所属单位有多种策略应对投诉方的投诉。被投诉方所属单位可能对投诉行为采取不作为的策略，然而，基于单位对被投诉方的管理职责、单位的主

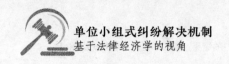

管部门可能会问责、投诉方可能向上级单位投诉等多个原因，被投诉方所属单位采取不作为的策略是不理性的。投诉能否引发社会舆论的强烈关注是不确定的，因此，该单位会相机选择：当来自主管部门的压力大，舆论关注度高时，该单位将积极应对策略；否则，该单位将采取消极应对策略。投诉方、被投诉方、被投诉方所属单位三方动态博弈下产生了单位小组式纠纷解决机制。在三方之间的动态博弈中，核心问题不是信息不对称问题，而是威胁的可置信与否的问题。最重要的是，该单位如果未迅速积极处置该投诉则将很可能面临大众实施连带责任惩罚。即便是被投诉方所属单位不确定被投诉方是否侵害了投诉方的正当权利，只要投诉活动引发了社会舆论的强烈关注，被投诉方所属单位将不得不迅速处置该纠纷。

第三章　"纠纷解决市场"视野下的
单位小组式纠纷解决机制

　　本章从"纠纷解决市场"的视角切入单位小组式纠纷解决机制，分析单位小组式纠纷解决机制属于何种救济类型，单位小组式纠纷解决机制和公力救济、私力救济之间的关系。

　　本章将主要分析以下问题：单位小组式纠纷解决机制在实践中的定位是什么？小组与成立该小组的单位之间在法律上是什么关系？从传统法学的视角分析，单位小组式纠纷解决机制的主体、功能、特征及效力分别是什么？从虚拟的"纠纷解决市场"切入，单位小组式纠纷解决机制在其中处于什么样的位置，呈现什么特性？

第一节　单位小组式纠纷解决机制中的小组

　　小组是由被投诉方所属单位临时设立的组织，不是能够独立承担民事责任的主体。由于单位没有专门的处理纠纷的业务部门，并非专业的纠纷解决机构，甚至没有处理类似投诉的实践经验，临时设立的小组打破了单位现有的科层划分，在处理突发投诉上富有灵活性、机动性。单位以小组命名解决纠纷的组织形式是实践中的普遍操作，但也不排除例外，比如专门治理校园欺凌现象的学生欺凌治理委员会、解决抄袭问题的学术委员会等。委员会与小组在处理纠纷功能上没有本质区别。当纠纷频发，临时设立的小组难以满足需要时，该小组会演化为常态化的组织形式。单位成立小组之初的主要目的是处理突发纠纷，平息因该纠纷引发的舆情危机，这使得单位小组式纠纷解决机制在化解纠纷而非预防纠纷上显示出其优势。与此同时，遭受同样违法犯罪行为侵害的人会模仿投诉方，也向加害人所在单位投诉，在新闻媒体和互联网社交平台上曝光。其他单位在面临类似的纠纷时也习得了相似的应对策略：被投诉方所属单

53

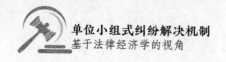

位在遭遇舆情危机时迅速设立小组处理纠纷。

一、单位与其设立的小组之间的关系

一般情况下，工作小组、调查小组均由被投诉方所属单位临时设立。那么，工作小组、调查小组与设立该小组的单位之间是何种法律关系？

被投诉方所属单位往往是法律上具有民事权利能力和完全民事行为能力、能够独立承担民事责任的法人。比如，本书所提到的高等院校、大型公司均是能够独立承担民事责任的法人，这些法人临时设立了各类形式的小组处理投诉。然而，被投诉方所属单位所设立的小组并不是民法上能够独立承担责任的主体，也不具有独立的民事权利能力和民事行为能力。单位依据小组的调查结论对相关当事人做出处置，设置小组并非目的而是手段，单位在如何处置投诉纠纷上享有最终的决定权。被投诉方所属单位在单位小组式纠纷解决机制中的重要制度角色是保证小组对纠纷的处理能够经得起考验，单位在必要时可以对小组不恰当、不合理的举措进行纠正，从而在最终结果上保障单位对投诉纠纷处置的决定权。因此，被投诉方所属单位与其为处理突发纠纷而设立的小组之间应当属于民法上的委托代理关系。

绝大多数的被投诉方所属单位并不是专业的纠纷解决机构，不具有法院、公安机关、仲裁委员会、人民调解组织、消费者协会及其他调解组织等纠纷解决机构的专业性。众所周知，现代社会的劳动分工越来越细化，投诉纠纷中的被投诉方所属单位多数是中小学学校、高等院校、大型公司，这些单位在其内部的科层划分中没有设置专门的部门处理针对其员工的突发投诉。一些单位可能会聘请法律顾问或设有法律顾问部门，或者与某律师事务所存在长期合作关系，但是，即便如此，该单位也不能利用这些有限的资源自如地应对突发的投诉纠纷。这背后的主要原因在于投诉针对的是被投诉方的违法犯罪行为，而并非直接针对被投诉方所属单位。相对于单位聘请的法律顾问（比如单位聘请了某律师事务所作为法律顾问），该单位与被投诉方长期接触，更了解被投诉方的道德品质，也更有可能掌握被投诉方是否可能侵害了投诉方的合法权益等信息。

2021年1月1日开始实施的《中华人民共和国民法典》第一千零一十条规定："违背他人意愿，以言语、文字、图像、肢体行为等方式对他人实施性骚扰的，受害人有权依法请求行为人承担民事责任。机关、企业、学校等单位应当采取合理的预防、受理投诉、调查处置等措施，防止和制止利用职权、从属关系等实施性骚扰。"根据该条规定，相关单位有义务受理受害人的投诉，并有权利对利用职权、从属关系实施的性骚扰行为进行调查和处置。该规定的适用情况是基于利用职权、从属关系而实施的性骚扰行为，而单位小组式纠纷解决机制所处理的纠纷类型不限于基于利用职权、从属关系而实施的性骚扰甚至性侵行为。即便是对于某一特定类型的纠纷，当事人既可以选择向相关单位投诉也可以选择向法院提起诉讼，本书对当事人为什么没有选择司法救济而是偏好向单位投诉解决纠纷的探讨仍然有理论意义和实践意义。虽然该单位与被投诉方之间存在管理与被管理的关系，但是，如果被投诉方涉嫌侵害投诉方的行为纯粹是其个人行为而并非其履行的职务行为，投诉方向被投诉方所属单位投诉的做法则没有法律依据。然而，现实社会遵循另一套运行逻辑，没有法律依据并不意味着大众必然不认可投诉方向相关单位投诉这一行为。

被投诉方所属单位并非专业的纠纷解决机构，不具备处理类似投诉的实践经验，不善于处理投诉纠纷。比如，被投诉方所属单位的相关工作人员表示因没有先例可循而产生处理投诉的压力。实践中的案例表明，被投诉方所属单位所成立的小组的成员往往包括了该单位的主要负责人、法律顾问、党委、纪委、工会部门等，并且一般由该单位的主要领导担任该小组的组长。由于临时设立的小组打破了本单位现有的科层划分，它在处理突发纠纷、投诉上富有灵活性和机动性。所以，被投诉方所属单位均会突破现有的职能部门分工，设立临时调查小组。

二、小组与委员会之间的区别与联系

单位成立的小组与其设立的委员会之间有什么样的区别与联系？现实社会中，某一单位可能常设有一些处理某项特定事务的委员会，这些委员会往往就某一特定领域的事项进行自治和管理。比如，调解机制是解决证券业纠纷的重要途径，中国证券业协会下设证券调解专业委员会调解证券纠纷①，该纠纷解决机构的组织形式即为委员会。再比如，在高等院校等科研单位发生学术抄袭的纠纷中，一般会由该校的学术委员会召开会议对是否构成抄袭行为进行认定，并由学术委员会提出具体的处理意见。在处理纠纷的过程中，学术委员会一般还应听取被投诉方的申辩，核实相关材料，并把处理意见提交校长办公会和党委会审查。在法律法规方面，由《中华人民共和国高等教育法》第四十二

---

① 陈明克：《我国证券纠纷调解机制研究》，《武汉金融》，2018年第4期，第61~65页。

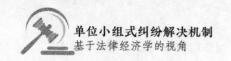

条可知，学术委员会有权调查、处理学术纠纷，调查、认定学术不端等行为；教育部等十一部门制定的《加强中小学生欺凌综合治理方案》要求各地学校根据实际成立由校长负责，教师、教职工、辅导员、校外专家、家长代表、社区工作者等人员组成的学生欺凌治理委员会，并由该委员会负责处理该校园欺凌事件。以上诸多例子表明，由委员会和小组处理一些特定纠纷并非完全无法可依。这就引发了一个疑问：本书所研究的被投诉方所属单位为处理突发纠纷而临时设立的小组与其常设的委员会之间是什么关系？

相关单位以小组命名解决纠纷的组织机构是实践中的普遍操作，但也不排除例外。有研究者将"领导小组"作为各式领导小组、协调小组、工作小组、委员会、指挥部等议事性、协调性机构的总称①，但遗憾的是，该研究未能在理论上解释为什么可以将以上具有不同名称的组织形式统一简化为"领导小组"。在法学界，学者刘忠认为"委员会"比"小组"更正式，"委员会"多为常设机构；"小组"多用于临时性、阶段性的机构；在组织编制上，"委员会"多为实设，"小组"多为虚设；"委员会"的"民主"色彩更多，而"小组"有更多"集中"的含义。② 以上相关研究对本书研究单位小组式纠纷解决机制具有启发意义。总体而言，以小组的形式解决投诉纠纷在实践中是普遍操作，但也有例外，比如前文提到的学生欺凌治理委员会的目的同样是处理突发纠纷。

委员会与小组在处理突发纠纷的功能上没有本质区别，这得到了其他学术研究的支撑和印证。唐代官制研究专家赖瑞和论证，中国正规官制乃至人类社会官僚制度都建立在使职基础上，人类先有使职然后才发展出正规官职，并提出了使职和职事官相互演变的理论。使职是指某官员被临时指派离开原来职位去做某特定事务，虽是临时指派，但任职时间不一定短。使职的职事官化是指当临时事务变得频繁，使职会成为正式官职。职事官的使职化是指正式官职会由于没有实际作用而被架空，而因临时需要而设的使职，久而久之转变成固定的、有编制、有员额、有分层组织的官僚组织，但是，官僚制长期行用会变得僵化无效率，掌权者迫于需要会重新任命特使。由此，使职和职事官周而复始，互相演变。③ 人们因某种临时需要而设置一些小组，比如工作小组、调查小组、联合工作组。在一般用语中，委员会较之小组是更为常态化的组织形式，是为了满足处理某一类频繁发生的事务的需要，久而久之，委员会成为科

---

① 周望：《超越议事协调：领导小组的运行逻辑及模式分化》，《中国行政管理》，2018 年第 3 期，第 113～117 页。

② 刘忠：《政法委的构成与运作》，《环球法律评论》，2017 年第 3 期，第 16～38 页。

③ 赖瑞和：《唐代高层文官》，中华书局，2017 年，第 22～25 页。

层制下的一个常设部门；当该部门僵化而不能有效应对新型的纠纷时，人们又回到最原始的设立使职办法，即为有效处理新型的突发纠纷而设立富于灵活性的组织形式，若该种类型的纠纷从突发型纠纷转变为常态化纠纷，临时设立的小组难以满足现实需要，自然而然就会演变成常态化的组织形式。由于委员会和以调查小组、工作小组为代表的小组在功能上是一致的，因此，被投诉方所属单位将一个处理突发纠纷的组织机构命名为"委员会"还是命名为"小组"均无伤大雅，这两种操作没有实质区别。因此，为了便于分析，本书统一使用"小组"这一更具普遍性的称谓，而一些以处理纠纷为主要功能的委员会也应当被纳入本书的研究范围。本书提炼出的单位小组式纠纷解决机制这一概念仍具有一般性的指导意义。

三、小组的目标是解决纠纷还是预防纠纷？

小组在单位小组式纠纷解决机制中的实际作用，小组的工作目标是什么？小组在单位小组式纠纷解决机制中的制度角色是什么？

单位小组式纠纷解决机制是投诉方、被投诉方、被投诉方所属单位三方共同作用的结果。从被投诉方所属单位来看，成立一个特定的调查小组、工作小组来调查、处理突发纠纷的最直接原因是事态的发展较为紧迫、严峻，舆论的强烈关注迫使被投诉方所属单位不得不做出积极回应。也正因此，小组的工作目标可能同时掺杂了平息紧张的舆情和处理突发的投诉纠纷这两种动机。在投诉能够引起社会舆论的强烈关注时，该单位以成立一个小组的方式表明其积极、认真、负责的态度。因此，该小组成立之初的主要目标是处理该投诉，平息因该投诉引发的舆情危机，并不包含任何预防同类型纠纷的功能。这使得投诉方接近他个人所需要的正义的同时，也使得其他单位习得了解决相类似投诉的应对策略：在自己单位遭遇类似的舆情危机时，也设立一个处理纠纷的临时小组——尽管该小组可能是象征性的，已经丧失了其原来的化解纠纷功能。

上述分析合理解释了为什么短时间内会出现众多小组应对突发投诉的社会现象：投诉方利用舆论的关注迫使被投诉方所属单位不得不迅速处理投诉，被投诉方所属单位为了平息舆情不得不迅速成立临时小组解决纠纷，其他遭受类似侵害的受害者学会通过新闻媒体和互联网社交平台向大众揭露被投诉方行为的博弈策略，而新闻媒体和互联网社交平台等也"教育"了相关单位如何应对投诉纠纷。

被投诉方所属单位设立的小组在成立之初就具有化解投诉的先天优势，在预防同类型的纠纷上则稍显不足，这无疑使得单位小组式纠纷解决机制在化解纠纷而非预防纠纷上彰显出其比较优势。可以预见，由于被投诉方所属单位积极处理投诉，与被投诉方同类型的违法犯罪行为将在一定时期内减少，潜在的同类型违法犯罪行为将被威慑。与此同时，已经发生的、遭受同样违法犯罪行为侵害的人可能会仿效之前的投诉方的博弈策略，即向侵害其权益的当事人所在单位进行投诉，在新闻媒体和互联网社交平台上曝光该纠纷。这在一定程度上解释了为什么本书所关注的案例会集中在某一时间段，以及讨论的案例类型表现出重复性、趋同性。由于本书研究的案例除了涉及性骚扰案，还涉及了侵犯知识产权、侵犯隐私权、侵犯生命健康权、犯贪污诈骗罪等多种情形，因此，本书的分析具有一般性、普适性。

同类型违法犯罪行为可能只是被暂时威慑住了——社会舆论的注意力毕竟是有限的、宽泛的、没有耐性的。当事件的热度褪去，人们不再对同样的投诉新闻感兴趣，背后隐藏的社会问题、同类型违法犯罪行为却依然没有得到根本解决。换言之，单位小组式纠纷解决机制可能会因陷入类似"运动式执法"的怪圈而产生"异化"。① 这启示我们不能只看到单位小组式纠纷解决机制在化解纠纷上的优势，必须同样关注该机制在预防纠纷上的劣势，增强其预防同类型纠纷的功能，采取措施强化小组在单位小组式纠纷解决机制中的制度角色。

第二节　单位小组式纠纷解决机制的主体、功能、特征和效力

笔者从传统法学、纠纷解决学的视角分析单位小组式纠纷解决机制的主体、功能、特征及效力，在单位小组式纠纷解决机制中争议的双方当事人是投诉方和被投诉方，纠纷解决主体是不具有专业性的各式单位；从纠纷解决过程看，单位小组式纠纷解决机制既不属于协商，也不属于调解，亦不属于典型的第三方裁决；单位小组式纠纷解决机制的基本功能是消除投诉方与被投诉方之间的冲突状态；单位小组式纠纷解决机制的特征主要体现为纠纷解决主体的非职业化、第三方的非中立性、程序上的非正式性、纠纷解决规范的多元性、耗费成本低等；与协商性或调解性纠纷解决方式不同，单位小组式纠纷解决机制

---

① 吴元元：《双重博弈结构中的激励效应与运动式执法——以法律经济学为解释视角》，《法商研究》，2015年第1期，第54～61页。

的效力不以当事人之间的合意为基础。

一、单位小组式纠纷解决机制的纠纷解决主体

在单位小组式纠纷解决机制中，纠纷解决主体是各式各样的单位，它们不具有典型的诉讼纠纷解决机构的专业性。就研究领域而言，本书主要关注单位小组式纠纷解决机制，既是对社会转型期的特定纠纷现象和对专门领域纠纷解决机制的研究，也是对纠纷解决过程的社会科学研究。[①] 实践中，常见的非诉讼纠纷解决机制的主体主要包括人民调解委员会、仲裁委员会、劳动争议仲裁委员会、消费者协会、行政机关及其他社会组织。

在单位小组式纠纷解决机制中，争议的双方当事人是投诉方和被投诉方。单位小组式纠纷解决机制的主体除适用该机制的单位外，还包括投诉纠纷的双方当事人。纠纷解决学的理论一般认为纠纷的基本要素包括纠纷当事人、纠纷行动和纠纷对象[②]，纠纷解决机制的构成要素包括纠纷解决主体、纠纷解决的方式（包括裁决、谈判、调解等）和纠纷解决依据的规则。[③] 在单位小组式纠纷解决机制中，纠纷的基本要素如下：纠纷解决主体是以高等院校、大型公司为代表的单位；纠纷当事人是投诉方与被投诉方，两者的利益是相互冲突、对立的；纠纷行动首先是投诉方直接向被投诉方所属单位进行投诉，或者通过新闻媒体和互联网社交平台等公开投诉被投诉方侵害自身的合法权益。换言之，投诉方主要采取的策略是投诉，而被投诉方主要采取的策略、战术往往是否认、拒绝，表示将追究投诉方法律责任的态度，因此，单位小组式纠纷解决机制呈现出投诉方与被投诉方之间的对抗性。在单位小组式纠纷解决机制中，正是投诉方的投诉和被投诉方的否认投诉直接决定了投诉纠纷的启动和发展；双方当事人主要争执的纠纷对象表现为隐私权、人格尊严、性自主权、生命健康和安全权、知识产权、消费者权益等。

单位小组式纠纷解决机制既不属于协商，也不属于调解，亦不属于典型的第三方裁决。在纠纷解决学中，协商、调解和裁决被认为是三种主要的决定形

---

① 范愉等:《多元化纠纷解决机制与和谐社会的构建》，经济科学出版社，2011年，第6~9页。

② 范愉:《非诉讼程序（ADR）教程（第四版）》，中国人民大学出版社，2020年，第2页；王琦:《非诉讼纠纷解决机制原理与实务》，法律出版社，2014年，第2页。

③ 范愉、李浩:《纠纷解决：理论、制度与技能》，清华大学出版社，2010年，第20页。

成过程①，协商的典型特征是在简单的双边交往中，信息双向流动，双方达成谅解并取得结果②，而调解是在中立第三方的参与下进行的纠纷解决活动。对照前述定义，以协商作为参照，在单位小组式纠纷解决机制中，投诉方与被投诉方之间出现对抗性而缺乏对话；以调解作为参照，运用单位小组式纠纷解决机制的被投诉方所属单位缺乏中立性，因此，单位小组式纠纷解决机制既不属于协商，也不属于调解。所谓第三方裁决是纠纷双方均同意邀请一位局外人——"中立的陌生人"——来帮他们做出决断，纠纷双方的合意是赋予第三方裁决合法性的基础。③ 典型的第三方裁决是法院裁判、仲裁机构仲裁，而在单位小组式纠纷解决机制中被投诉方所属单位不是中立的第三方，将单位纳入纠纷解决过程是投诉方的策略选择而未经过被投诉方的同意，所以，单位小组式纠纷解决机制亦不属于典型的第三方裁决。

二、单位小组式纠纷解决机制的主要功能

单位小组式纠纷解决机制的基本功能是消除投诉方与被投诉方之间的冲突状态。纠纷解决是指在纠纷发生后，特定的纠纷解决主体依据一定的规则、手段和程序消除冲突状态、对损害进行救济、恢复秩序的活动过程。④ 纠纷解决机制是一个社会为解决纠纷而建立的由规则、程序和机构及其活动构成的系统。狭义的纠纷解决机制指国家通过法律法规所建构的、由各种正式与非正式制度或程序构成的综合性纠纷解决系统，而广义的纠纷解决机制包括非制度化的临时性、个别性纠纷解决活动以及民间社会自发形成的各种私力救济。⑤ 本书对纠纷解决机制的界定采用广义的视角。各个相关单位运用单位小组式纠纷解决机制的主要功能是消除投诉方与被投诉方之间的冲突状态，设立小组查证投诉内容是否属实，并依据小组调查结果决定如何处理投诉。实践中，单位小组式纠纷解决机制表现出明显的应急性，即单位小组式纠纷解决机制中的主要功能仅限于是解决投诉，而非预防同类型的纠纷。想要单位小组式纠纷解决机

---

① 罗伯茨、彭文浩：《纠纷解决过程：ADR 与形成决定的主要形式（第二版）》，刘哲玮、李佳佳、于春露译，北京大学出版社，2011 年，第 10 页。

② 罗伯茨、彭文浩：《纠纷解决过程：ADR 与形成决定的主要形式（第二版）》，刘哲玮、李佳佳、于春露译，北京大学出版社，2011 年，第 152 页。

③ 罗伯茨、彭文浩：《纠纷解决过程：ADR 与形成决定的主要形式（第二版）》，刘哲玮、李佳佳、于春露译，北京大学出版社，2011 年，第 297 页。

④ 范愉、李浩：《纠纷解决：理论、制度与技能》，清华大学出版社，2010 年，第 14 页。

⑤ 王琦：《非诉讼纠纷解决机制原理与实务》，法律出版社，2014 年，第 8～9 页。

制得到长久的发展还必须使其具备制度的恒常性和稳定性，因此，我们还必须采取一些措施改善该机制重于应急疏于预防的缺陷。

三、单位小组式纠纷解决机制的特征

单位小组式纠纷解决机制的特征主要体现为纠纷解决主体的非职业化、第三方的非中立性、程序上的非正式性、纠纷解决规范的多元性、耗费成本低等。

第一，单位小组式纠纷解决机制十分显著的特征是纠纷解决主体的非职业化。越来越细化的劳动分工使现代社会成为一个职业化的社会，专门从事特定职业的群体往往分享了独特的知识、技能、价值观等，更倾向于形成一个内部同质的团体。[①] 然而，单位小组式纠纷解决机制的一个显著特征是纠纷解决主体的非职业化，运用单位小组式纠纷解决机制的各种相关单位均不是法律职业共同体的一部分，它们均不是专门从事纠纷解决工作的机构。虽然以高等院校、大型公司为代表的单位并非专门的纠纷解决机构，但是，这并不意味着它们必然不能或无力解决投诉方与被投诉方之间的纠纷。在单位小组式纠纷解决机制中，双方当事人主要争执的纠纷对象往往表现为隐私权、人格尊严、性自主权、生命健康权、知识产权、消费者权益等。在这些特定的纠纷对象上，由于单位与被投诉方之间管理与被管理的关系，该单位在获得具有隐秘性的相关私人信息、判断专业问题（比如被投诉方是否侵犯了投诉方的知识产权）上反而具有相对于其他纠纷解决机构的比较优势。

第二，单位小组式纠纷解决机制还表现出第三方的非中立性。尽管在实际纠纷解决过程中，被投诉方所属单位在运用单位小组式纠纷解决机制时总是试图表明自己中立、客观的态度，但是，相关单位正是迫于社会舆论才不得不积极成立小组处理投诉方的投诉，这直接导致被投诉方所属单位在单位小组式纠纷解决机制中不能被视为中立的第三方。投诉方正是基于被投诉方所属单位与被投诉方之间管理与被管理的关系才向该单位投诉。众所周知，司法治理制的运行前提是司法机关的中立性，然而，笔者认为第三方的非中立性并非单位小组式纠纷解决机制的一个致命缺陷或漏洞。投诉方主动甚至有意利用了社会舆论，故意将被投诉方与被投诉方所属单位之间的利益"捆绑"在一起，而被投诉方所属单位则迫于社会舆论压力不得不借单位小组式纠纷解决机制主动实现

---

① 波斯纳：《超越法律》，苏力译，中国政法大学出版社，2001年，第39～70页。

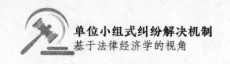

其与被投诉方之间的迅速"切割"。换言之，投诉方主动选择了非中立的第三方解决其与被投诉方之间的纠纷。单位小组式纠纷解决机制的运行实践表明，第三方的非中立性并不必然对该纠纷解决机制的实际效果产生不利影响。

第三，单位小组式纠纷解决机制还表现出纠纷解决规范的多元化。司法裁判往往依照诉讼法的程序推进，按照"三段论"的逻辑进行推理，而单位小组式纠纷解决机制不同于司法裁判，相关单位运用单位小组式纠纷解决机制时所遵循的规范呈现多元化的特点。单位运用该机制时所遵循的规范由各种制度、原则、成文的法律、非成文的惯例、单位内部的规章制度等组成。笔者认为将投诉方认为被投诉方涉嫌剽窃、抄袭的行为认定为法律纠纷的原因在于学术抄袭行为侵犯了被抄袭者的知识产权，也违反了业已形成的引证规范和惯例，对权利人的正当权利造成了不利影响。投诉行为并非单纯的自发现象，有的投诉行为明确得到了法律法规的支持，比如法律法规和相关政策规定由高等院校对涉嫌抄袭等学术不端投诉进行调查。《中华人民共和国民法典》《中华人民共和国妇女权益保障法》《中华人民共和国高等教育法》和部分部门规章的零星规定赋予了公民在受到特定侵害时可以向特定单位进行投诉、申诉的权利。单位小组式纠纷解决机制所使用的纠纷解决规范比较多样化，这些规范至少包括了法律法规、部门规章、国家政策、行业规范、行业习惯、单位内部规章制度、道德规范等。

第四，单位小组式纠纷解决机制还表现出运行程序上的非正式性。尽管单位成立小组处置投诉成为一种代表性操作甚至是"套路"，但是，各单位在运用单位小组式纠纷解决机制时，可以根据纠纷的性质、内容等具体情况自主设置解决双方投诉纠纷的程序。诉讼法律理论和规范为民事诉讼、行政诉讼、刑事诉讼设置了严格的程序。以诉讼程序作为对比的基准，相关单位在运用单位小组式纠纷解决机制时并没有可以或应当遵循的特定程序。比如，在性骚扰的投诉纠纷中，被投诉方所属单位的工作人员明确表示由于没有可遵循的先例可循。实践中，各相关单位通过其他单位处理类似投诉纠纷的经验习得了如何应对处理投诉纠纷及该投诉引发的舆情危机。缺乏非正式的运行程序要求也是我们今后改善单位小组式纠纷解决机制的着力点。

第五，单位小组式纠纷解决机制的意思自治性较差。在纠纷解决学中，所谓意思自治性是指纠纷主体的自治性或合意性[①]，即纠纷解决机制建立在当事人自愿选择的基础上。与和解、调解、仲裁等相比，单位小组式纠纷解决机制

---

① 王琦：《非诉讼纠纷解决机制原理与实务》，法律出版社，2014年，第28页。

不是纠纷双方当事人自愿选择的解决纠纷方式。在一部分投诉纠纷中,公权力机关的参与、调解加速了纠纷的解决。但是,在大部分运用单位小组式纠纷解决机制的案例中,双方对于纠纷的处理没有达成合意,甚至有的被投诉方不服其单位的处理而与其单位对簿公堂。该机制表现出的意思自治性稍差,主要体现了投诉方在解决纠纷方式上单方面的自主选择权,被投诉方所属单位充分尊重了投诉方在程序上的选择权和实体上的处分权,而被投诉方是被强行拉入投诉之中的。由于被投诉方所属单位正是迫于社会舆论才不得不积极成立小组处理投诉,被投诉方法定的、正当的权利可能被该单位忽视。

此外,单位小组式纠纷解决机制耗费成本低的特征,这也是促使投诉方选择投诉策略的主要因素,前文已进行了详细阐述,此处不再赘述。

四、单位小组式纠纷解决机制的效力

与协商性或调解性纠纷解决方式不同,单位小组式纠纷解决机制的效力不以当事人之间的合意为基础,因此,单位小组式纠纷解决机制的处理结果的法律效力表现出一定程度的不确定性。

单位小组式纠纷解决机制的效力问题将直接影响该纠纷解决机制的适用空间。在协商性的纠纷解决方式和调解性的纠纷解决方式中,双方当事人之间的合意是纠纷解决的基础。经过调解、和解所达成的调解协议、和解协议亦是双方意见一致的结果。然而,单位小组式纠纷解决机制不以纠纷双方当事人之间达成合意为基础——尽管在一些投诉纠纷中,纠纷双方当事人在多种因素作用下达成了和解。单位运用单位小组式纠纷解决机制的原因之一是被投诉方直接拒绝了投诉方的诉求,投诉方基于个人的自主选择权而向被投诉方所属单位进行投诉,投诉方以一己之力直接触发了该纠纷解决机制。当然,单位小组式纠纷解决机制的处理结果不能违反社会公共利益,不能违反法律法规的强制性规定。在单位小组式纠纷解决机制中,最常见的处理结果是单位基于小组的调查结论并通过单位内部的程序对被投诉方做出停职、终止劳动关系等处分。

由于"司法最终救济原则"及处理结果缺乏纠纷双方当事人的合意,单位小组式纠纷解决机制的处理结果不是终局性的。受到处分的被投诉方完全有权利诉诸司法救济方式——尽管在实践中,大部分被投诉方会选择明确接受或默认其所属单位的处理结果。不论是否通过投诉实现了自身诉求,投诉方亦完全有权利诉诸包括司法救济方式在内的其他纠纷解决方式解决他们之间的纠纷。并非所有的被投诉方会明确接受或默认其所属单位的处置结果,少数被投诉方

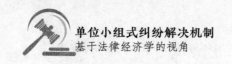

最终会选择与其原工作单位对簿公堂。这也意味着单位小组式纠纷解决机制的处理结果不必定是终局性的，受到处分的被投诉方完全有权利诉诸司法救济方式。然而，司法救济原则对于被投诉方的保障可能不够，特别是在声誉罚一旦形成难以恢复如初的现实约束下。单位小组式纠纷解决机制处理结果的法律效力表现了有限的确定性，这背后的原因在于被投诉方所属单位与被投诉方之间存在管理与被管理的关系，该单位往往有理由依据单位内部的章程、规章制度或者相关法律法规对被投诉方的违法犯罪行为做出相应处理。

第三节　单位小组式纠纷解决机制属于何种救济？

法律经济学分析如何丰富我们对单位小组式纠纷解决机制的认识呢？笔者主要探讨了单位小组式纠纷解决机制作为纠纷解决机制的一方面。本节从"纠纷解决市场"的角度切入单位小组式纠纷解决机制，分析该机制在"纠纷解决市场"中处于何种位置、有哪些属性、起到了什么样的作用及与其他救济方式之间的关系。

各类纠纷解决方式共同构成了一个隐形的"纠纷解决市场"。笔者发现国家所提供的公力救济并不能覆盖全部纠纷，公力救济的正常运行仍然要依靠私人力量的参与；即便是在公力救济内部在某些领域也会弱化司法救济的应用范围。公力救济在"纠纷解决市场"上没有发挥其优势。为了追求个人正义，投诉方"用脚投票"直接向被投诉方所属单位投诉，以及通过新闻媒体和互联网社交平台扩大了投诉影响力。单位小组式纠纷解决机制的广泛应用表明其与公力救济之间在某些领域形成了一定的竞争关系。

多元化纠纷解决机制是对诉讼之外的非诉讼纠纷解决程序或机制的总称，单位小组式纠纷解决机制无疑是多元化纠纷解决机制的一种。已有的研究对于认识单位小组式纠纷解决机制有重要启示意义，比如在体育纠纷领域，某单位设立委员会解决体育纠纷的操作与单位小组式纠纷解决机制是相通的。单位小组式纠纷解决机制在高等院校、大型公司均有适用空间。单位小组式纠纷解决机制还可以适用于刑事和解之中。

投诉方主动排除公力救济和社会救济直接向被投诉方所属单位投诉，这一策略选择是投诉方对案件情况、个人禀赋等因素综合判断后追求个人正义的结果。由于被投诉方所属单位惧怕社会舆论才处理投诉纠纷，因此，被投诉方所属单位自身的利益使得其难以保持专业的纠纷解决机构所具有的中立性、客观性。单位小组式纠纷解决机制是"纠纷解决市场"自发产生的秩序,不存在任何法定或公认的程序规范限制该机制的运行,因此,单位小组式纠纷解决机制具有明显的私力救济属性。私力救济是在法律"阴影"之下的救济,仍有公权力因素,单位小组式纠纷解决机制虽有私力救济属性,但它必然包含公权力因素。

一、从非市场行为经济学切入纠纷解决市场

经济学的典型研究对象是市场、价格、通货膨胀、失业和经济增长等经济现象,随着经济学的发展,有一些经济学家主张用经济学方法研究经济现象以外的其他现象,这样的经济学被称为非市场行为经济学。运用经济学方法研究经济现象以外的社会现象最为成功的研究就有法律经济学研究。本书使用了法律经济学研究方法,即用经济学的方法研究法律问题,这一主张得到了一些经济学家和法学家的认可。自从加里·贝克尔明确将经济学研究方法运用于犯罪、家庭行为、婚姻、教育等领域之后,学者逐渐开始接受非市场行为经济学的研究进路。加里·贝克尔把经济学研究扩展到对包括犯罪在内的人类行为的研究,获得了巨大成就并因此荣膺诺贝尔经济学奖。作为芝加哥经济学派代表人物之一,加里·贝克尔的法律经济学研究影响了波斯纳。由于对法律的各个领域展开了经济分析,波斯纳被认为是法律经济学的创始人之一。波斯纳沿着非市场行为经济学的进路对法律职业、纠纷解决、政治投票、司法劳动力市场等现象进行了研究。波斯纳认为,1960 年后法律职业在朝着竞争性企业发展[1],在某些纠纷解决领域,私人裁断能同公共裁断展开有效竞争[2];法律应当努力促进和便利市场竞争,并在"市场失灵"时模仿市场的结果。[3] 波斯纳还从经济竞争视角切入政治研究,认为政治市场存在严重的信息问题,由此导致政治市场比经济市场有更强的控制趋势,而政党就像商标一样,减少了投票人的信息费用。[4] 李·爱泼斯坦、威廉·兰德斯和理查德·波斯纳在他们的共同研究中假设存在一个"司法劳动力市场",法官是"司法劳动力市场"的重

---

① 波斯纳:《超越法律》,苏力译,中国政法大学出版社,2001 年,第 74 页。
② 波斯纳:《超越法律》,苏力译,中国政法大学出版社,2001 年,第 133 页。
③ 波斯纳:《超越法律》,苏力译,中国政法大学出版社,2001 年,第 462 页。
④ 波斯纳:《法律、实用主义与民主》,凌斌、李国庆译,中国政法大学出版社,2005 年,第 223~226 页。

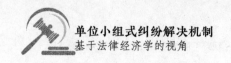

要参与者。① 除了加里·贝克尔和波斯纳，在法律经济学的发展史上，科斯是无论如何都不可能越过的一位学者，科斯也沿着非市场行为经济学的进路对言论市场进行了研究。诺贝尔经济学奖得主科斯在其论文《商品市场和言论市场》亦提出，报纸、电视、广播是言论市场的重要构成部分，和商品市场一样，它们也互相竞争，争奇斗艳，言论市场上产品的生产者包括了学者、出版社、书商、报纸、电视台、广播公司等。② 与科斯所提出的言论市场观点类似，美国联邦法院的大法官霍姆斯也有以言论自由隐喻"观念市场""言论市场""思想市场"的观点。③

以上例子启示我们运用市场的观点切入某些问题也许能获得新的收获，类比"言论市场"或"思想市场"的概念，纠纷解决背后有没有一个市场？如果存在，它是一个什么市场呢？

无论是传统社会，还是现代社会，任何一个社会总会存在各式各样的纠纷、矛盾。只有这些纠纷被有效解决，这个社会才有可能健康地存续、繁衍、繁荣。众所周知，在地理空间上，清代以前的国家权力难以深入广大的农村领域，立法、司法、执法的劳动分工需要强大的社会物质财富的支撑。波斯纳认为最初的法律形式是由复仇制度执行的默示规范。由于复仇制度的缺陷，由专门人员来制定、执行规范有巨大优越性。一旦社会养得起这些专门人员，就出现了司法机构和司法制度。④ 波斯纳这一具有唯物主义色彩的论断提醒我们：劳动分工导致了法律工作的专门化，司法机构的正常运转需要国家财政收入的支持，只有在社会物质财富和生产力水平达到一定高度之后才会有立法、执法、司法的劳动分工，而一旦缺乏足够的物质财富和财政支持，国家对于社会的控制必然会弱化。

即便是在现代，国家有了较为雄厚的财力支撑司法机构的运转，但为了节省公共资源的支出，国家在某些领域必须容忍甚至有意利用私人力量和资源，公共惩罚和私人惩罚之间呈现出既相互排斥又相互补充的关系。⑤ 一个例证是在刑事案件中，作为国家力量的公安机关也必须借助私人特别是受害者所掌握的信息来侦破案件。即便是在现代社会，国家大力提倡司法救济，但是，司法

---

① 李·爱泼斯坦、威廉·M. 兰德斯、理查德·波斯纳：《法官如何行为：理性选择的理论和经验研究》，黄韬译，法律出版社，2016年，第22页。

② R. H. Coase, The Market for Goods and the Market for Ideas, The American Economic Review, 1974, 64 (2): 384—391.

③ 波斯纳：《法理学问题》，苏力译，中国政法大学出版社，2001年，第278页。

④ 波斯纳：《法理学问题》，苏力译，中国政法大学出版社，2001年，第6页。

⑤ 桑本谦：《私人之间的监控与惩罚》，山东大学博士学位论文，2005年，第95页。

救济仍然可能无法深入到社会的所有领域。比如，在一些特定的行业领域，虽然既有行业内救济也有行业外救济，但是在实际运行中则以行业内救济为主。我国现行的体育救济机制就以各级体育协会或团体内部建立的自律性纠纷解决机制为主，即便是法律法规将诉讼归为解决体育争议的最后途径，我国司法介入体育纠纷的程度仍然十分有限。国内各体育团体均要求个体会员、单位会员放弃诉诸外部救济的权利。[1]

各级法院在司法过程中特别强调由法院组织的调解，认为调解能真正做到"案结事了"，在离婚案件中，调解是法官裁判的必经前置程序。在最高人民法院的公开宣传中，将调解上升到一门艺术的高度。媒体对于全国模范法官的宣传报道就特别注重其调解率，相关案例不胜枚举。比如全国模范法官宋鱼水、金桂兰，也有不太为人熟知的全国模范法官伊淑娟。[2] 全国模范法官伊淑娟"她的案件基本上都是调解结案的，尤其是近三年，她的调解结案率更是达到了99.7%"[3]。全国模范法官宋鱼水认为调解更符合国情，可以更彻底地化解矛盾。[4] 司法机关推崇在民事诉讼的各个阶段进行调解，即便在严肃的刑法领域，也并非必然是由检察机关进行公诉、由法院进行判决。[5] 可见，国家所提供的公力救济不能覆盖社会上的全部纠纷，公力救济的正常运行仍然要依靠私人救济的参与。

截至2022年，纠纷解决学研究已经积累了十分丰富的文献，因此，本书有必要对私力救济、多元化纠纷解决机制等相关研究主题进行文献综述。学者目前总体上对私力救济呈现了较为宽容的态度，认为私力救济是实际存在的事实，是一种有一定合理性的纠纷解决方式，私力救济和公力救济之间呈现出互相排斥、互相补充的动态关系。有研究认为，正当的私力救济是对破坏了的秩序的矫正，回避法律的理由就是当事人选择私力救济的原因，人性和传统法律文化是私力救济不可或缺的构成性因素。[6] 笔者认为以上观点有待商榷。当事

---

① 张春良：《体育纠纷救济法治化方案论纲》，《体育科学》，2011年第31卷第1期，第19~28，55页。

② 李敏：《黑工地上的美丽绽放——记"黑龙江省十大廉洁法官"伊淑娟》，《中国审判新闻月刊》2011年第8期，第72~75页。

③ Mi Chuanzhen, Research on the Judicial Honor System of China: Taking 360 National Model Judges Commended from 2003 to 2008 as Research Subjects, China Legal Science, 2019 (7): 133-158。

④ 宋鱼水：《论调解艺术》，《人民法院报》，2010年10月8日第5版。

⑤ "德古"在民事调解中取得了较好效果，有研究建议在刑事和解中吸收该制度。蔡世鄂、谭远磊：《土家族地区刑事和解实证研究——以恩施州鹤峰县检察院的实践为样本》，《湖北民族学院学报（哲学社会科学版）》，2018年第36卷第2期，第141~146页。

⑥ 翟羽艳：《私力救济理论研究》，黑龙江大学博士学位论文，2010年，第50~69页。

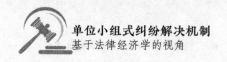
人选择何种救济方式是对多种因素权衡利弊之后的结果。以法律为代表的公力救济有其适用条件,特别是要求信息的可验证性、可核实性。当事人可能在难以满足这些约束条件时选择私力救济,但这并不意味着私力救济的运用就没有约束条件,比如投诉方如果想要以较高概率赢得纠纷就必须赢得社会大众的信任。过于强调人性、传统文化等并不具有确定内涵的语词,不利于人们认识私力救济发挥作用的适用前提。

私力救济与公力救济之间既相互依存又互为补充,应当承认公力救济、私力救济、社会救济之间的平等地位。有学者认为行政性纠纷领域的私力救济包括自力救济和非官方或半官方的第三方介入下的救济,合法的私力救济也是解决行政纠纷的有效方式。[①] 桑本谦认为公共惩罚与私人惩罚既相互排斥又互相补充。[②] 徐昕、翟羽艳认为民间收债、私人侦探等私人执法与公共执法应保持平衡、相互补充。与国家公权力救济相比,私力救济具有直接性、经济性、效率性、便利性、实效性、充分发扬当事人主体性等优点。徐昕还从成本-收益比较、纠纷解决效率、机制、功能、市场自由度等角度分析,他认为公力救济无法也不必完全排斥私力救济,私力救济不可能取代公力救济,而只是公力救济的补充。徐昕和翟羽艳认为,公力救济和私力救济之间是相互依存、相互替代的动态过程。[③] 有研究者利用功利主义的方法论证了私力救济的合法性。[④] 有学者还运用定量分析发现私力救济存在的合理性和必要性,私力救济具有节约成本、预期收益确定的优势,公力救济和私力救济之间存在互补性。[⑤] 也有学者提出了反对意见,认为私力救济现象固然存在,但是,私力救济却不一定能被认为是私人执法,私人执法这一概念蕴含着不可调和的矛盾。[⑥] 谢晖将纠

---

① 周佑勇、解瑞卿:《作为行政性纠纷解决之道的私力救济》,《当代法学(双月刊)》,2011年第1期,第44~49页。

② 桑本谦:《公共惩罚与私人惩罚的互动——一个解读法律制度的新视角》,《法制与社会发展(双月刊)》,2005年第5期,第101~114页。

③ 徐昕:《法律的私人执行》,《法学研究》,2004年第1期,第18~29页;徐昕:《论私力救济》,中国政法大学出版社,2005年,第196页;翟羽艳:《救济权的界分:私力救济与公力救济——从权利与权力的视角》,《行政与法》,2011年第4期,第95~99页。

④ 魏建、陈屹立:《认真对待私力救济——评徐昕〈论私力救济〉》,《制度经济学研究》,2006年第12期,第184~189页。

⑤ 周林彬:《我国私力救济制度的实证分析:从定性到定量》,《制度经济学研究》,2004年第3期,第174~196页。

⑥ 史永平:《"私人执法"是否存在——与徐昕教授商榷》,《学术界(月刊)》,2015年第2期,第125~134、326页。

纷解决方式分为司法诉讼、诉讼替代性纠纷解决方式和私力救济三种。[①] 有学者认为，法律是强者的武器，弱者不得已才运用私力救济，因此，即使国家鼓励公力救济，私力救济依然存在。[②] 有学者认为私力救济是指权利主体不借助于公力，单纯依靠私人的力量实现权利的方式。[③] 笔者认为这一观点有待商榷，因为现实中不存在单纯依靠私力救济、不借助于公力救济而解决纠纷的情形。在单位小组式纠纷解决机制中，公权力机关往往参与了解决纠纷的过程，因此，私力救济中仍然有很强的公权力因素存在。[④]

有众多学者对多元化纠纷解决机制进行了研究。早在二十多年前的研究中就有学者强调要从多元化、竞争化的方向重构我国的纠纷解决制度。[⑤] 范愉也强调，我国的非诉讼纠纷解决机制历史悠久，并早已存在一些相关法规制度。[⑥] 郭星华发现我国的纠纷解决经历了从"抑讼"到"励讼"的变化。[⑦] 但是，即便国家再鼓励诉讼，也并不能彻底清除非国家的纠纷解决机制。在国家司法深入不到的地方，社会司法与国家司法互动，构成了多元化纠纷解决机制。[⑧] 在日常生活中，非正式制度意义上的邻里劝和、师长促和、第三人协调、权威调解等在日常的民事纠纷解决中发挥着重要作用。[⑨] 诸如调解、信访、行政机关处理等纠纷解决机制在应对群体性事件和纠纷中的优势，还有学者更进一步提出我国刑事司法中也应当引入纠纷解决的观念。[⑩] 总体上，当事人的选择自由和竞争机制是非政府司法有效运作的关键，例如仲裁能够为社会

---

① 谢晖：《论民间法与纠纷解决》，《法律科学（西北政法大学学报）》，2011 年第 6 期，第 35~45 页。

② 邵华：《私力救济对弱者权利的实现——以消费者权益保护为视角》，《甘肃社会科学》，2009 年第 6 期，第 183~186 页。

③ 沃耘：《民事私力救济的边界及其制度重建》，《中国法学》，2013 年第 5 期，第 178~190 页。

④ 徐昕：《论私力救济》，清华大学博士学位论文，2003 年，第 168 页。

⑤ 王亚元：《论我国纠纷解决制度中的资源配置效率》，《中国法学》，1998 年第 5 期，第 104~110 页。

⑥ 范愉：《中国非诉讼程序法的理念、特点和发展前景》，《河北学刊》，2013 年第 33 卷第 5 期，第 138~145 页。

⑦ 郭星华：《当代中国纠纷解决机制的转型》，《中国人民大学学报》，2016 年第 5 期，第 105~112 页。

⑧ 崔永东、葛天博：《司法改革范式与司法学研究》，《现代法学》，2018 年第 40 卷第 5 期，第 50~66 页。

⑨ 谢晖：《"可以适用习惯"的法教义学解释》，《现代法学》，2018 年第 40 卷第 2 期，第 3~24 页。

⑩ 信访制度在"纠纷解决市场"上亦有其比较优势。信访制度运作成本低、容纳范围大、亲和性高，解决了不少纠纷。陈柏峰：《信访制度的功能及其法治化改革》，《中外法学》，2016 年第 28 卷第 5 期，第 1187~1205 页。

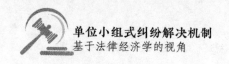

提供一种自发的、与法律竞争的合作实施机制，有研究者认为政府应放手由市场供给仲裁。① 在调解方面，由于《中华人民共和国人民调解法》规定人民调解免费，而全日制、拿薪酬的专业性人民调解组织价格高、服务质量也高，因此，有研究者建议对专业性的人民调解予以政策支持。②

总体上，公力救济、社会救济、私力救济共同构成了一个隐形的"纠纷解决市场"，虽然由法院系统、公安机关、检察机关、监察机关等公权力机关向社会提供的公力救济是人人都可以消费的公共善品，但是，囿于有限的财政支持及科学技术水平制约下的有限信息能力，国家的公力救济总有难以触碰的地方，因此，社会自发地创造出一些解决纠纷的方式。国家和社会也必定会基于自身的约束条件为化解各类纠纷产生不同的纠纷解决方式。桑本谦认为，在法院系统内部引入竞争机制或在法院系统外部建立竞争性纠纷处理机构，可以提高司法公信力。③ 还有研究认为公力救济、社会救济、私力救济的传统模型无法准确界定各解决纠纷机制的本质差别，可以让各机制在"纠纷解决市场"中自由竞争，选择与其定位、功能相匹配的机制。④

在"纠纷解决市场"中，单位小组式纠纷解决机制与公力救济之间在某些领域形成了实际上的竞争关系。尽管公力救济因其合法性而在"纠纷解决市场"中处于主导地位，各救济方式之间的竞争状态并非微观经济学所说的"完全竞争市场"模型中的完全竞争，但是，单位小组式纠纷解决机制的频繁广泛应用表明它与包括公力救济的其他各种救济方式形成了一定的竞争关系。虽然我们难以获得本书所研究的各类投诉纠纷通过司法救济途径胜诉的概率数据，以及该类型案件通过投诉途径赢得某一单位支持的概率数据，但是，众多当事人选择向单位投诉或曝光该纠纷就已经表明相对于通过向法院提起诉讼，人们在某些类型的纠纷上更偏好向被投诉方所属单位投诉。公力救济在"纠纷解决市场"上没有发挥出其声称的优势，投诉方"用脚投票"，通过直接向单位投诉及通过各类媒体扩大其投诉行为的影响力的方式追求个人正义。

---

① 张伟强：《论司法产品的性质与供给——一个经济分析的视角》，《北方法学》，2016 年第 10 卷第 5 期，第 5～14 页；张伟强：《论无需法律的仲裁》，《北方法学》，2018 年第 12 卷第 3 期，第 93～104 页。
② 张西恒：《专业性人民调解付费模式二元论——以 A 市某区若干专业性人民调解组织为例》，《甘肃社会科学》，2018 年第 3 期，第 144～150 页。
③ 桑本谦：《理论法学的迷雾：以轰动案例为素材（第二版）》，法律出版社，2015 年，第 48 页。
④ 刘哲玮：《我国民事纠纷解决模型的反思与重构——从三鹿毒奶粉事件切入》，《北大法律评论》，2012 年第 13 卷第 1 期，第 4～30 页。

二、多元化纠纷解决机制的研究现状

一般而言,纠纷指除刑事案件外的一切社会不协调现象,纠纷的主要特征在于主体的明确性、双方的对抗性、纠纷的主观性和社会性及纠纷解决上的自主性,纠纷解决具有目的性、过程性、结果状态三个内容。[①] 纠纷解决学认为,多元化纠纷解决机制是社会中各种纠纷解决方式、程序、制度,以其特定功能共同存在、相互协调而构成的纠纷解决系统,包括诉讼与非诉讼两大类型。[②] 替代性纠纷解决机制又叫非诉讼纠纷解决机制,是一切除诉讼外纠纷解决机制的总称。[③] 单位小组式纠纷解决机制是被投诉方所属单位在面对投诉方提出的针对本单位所属人员的纠纷时成立临时小组调查事实真相解决纠纷的机制。从定义看,单位小组式纠纷解决机制无疑是一种多元化纠纷解决机制或替代性纠纷解决机制。

学术界中有的学者对多元化纠纷解决机制有三种不同的理解:一是在法院内设立多种类型的纠纷解决机制;二是多元化纠纷解决机制是指民间纠纷解决机制和国家纠纷解决机制并存;三是大调解理念下的多元纠纷解决机制。[④] 也有学者不认同多元化纠纷解决机制、替代性纠纷解决机制这两个概念。赵旭东认为多元化纠纷解决机制和替代性纠纷解决机制都不能准确反映各纠纷解决机制内部之间有机统一的关系,建议使用纠纷解决的司法中心结构一词。[⑤] 顾培东在研究中提出非常规性纠纷的解决机制,认为应当利用政治、司法等资源处置难以用常规性程序和手段解决的非常规性纠纷。[⑥] 朱景文、尹伟民和崔永东等学者提出了协商性纠纷解决机制、社会司法以及正规化、半正规化、非正规

[①] 赵旭东:《论纠纷的构成机理及其主要特征》,《法律科学(西北政法大学学报)》,2009年第2期,第82~91页;赵旭东:《纠纷解决含义的深层分析》,《河北法学》,2009年第27卷第6期,第149~155页。

[②] 范愉、李浩:《纠纷解决:理论、制度与技能》,清华大学出版社,2010年,第21页。

[③] 齐树洁:《外国ADR制度新发展》,厦门大学出版社,2016年,第2页。

[④] 胡兴东:《西南民族地区多元纠纷解决机制研究》,《中国法学》,2012年第1期,第143~158页。

[⑤] 赵旭东:《纠纷解决机制及其"多元化"与"替代性"之辨析》,《法学杂志》,2009年第11期,第11~14页。

[⑥] 顾培东:《试论我国社会中非常规性纠纷的解决机制》,《中国法学》,2007年第3期,第3~19页。

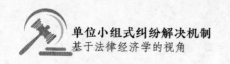

化的纠纷解决机制等概念。[①]《关于完善矛盾纠纷多元化解机制的意见》把多元化纠纷解决机制正式确立为法治建设的目标，强调构建司法救济与社会救济相互补充配合的多元化纠纷解决机制。[②] 多元化纠纷解决机制是对普遍的、诉讼之外的非诉讼纠纷解决程序或机制的总称。为了便于行文，本书采用学术界通用的、认可度高的"多元化纠纷解决机制"这一表述。

一部分关于多元化纠纷解决机制研究的着重点是论证其存在的必要性、合理性、可行性。一些学者很早就对多元化纠纷解决机制表示了支持，早在1998年就有学者强调要从多元化、竞争化的方向重构我国的纠纷解决制度。[③]范愉认为，非诉讼纠纷解决机制并非放之四海皆准的模式，在人类社会，只要有纠纷发生，就会有非诉讼纠纷解决机制的作用空间，由此导致了非诉讼纠纷解决机制的应用范围扩大化、形式多元化、法制化、规范化。[④] 化解纠纷必须满足具体问题具体分析的要求，不同类型的纠纷所具有的异质性特点也会催生出不同的纠纷解决方式。以司法解决所有纠纷的背后实际上是一种司法中心主义，比如，左卫民认为，司法中心主义与法律一元主义主导下的纠纷解决体系遭遇了困境，纠纷解决体系应坚持多元化。[⑤] 除了解决纠纷体系应当多元化，纠纷解决机制还应当注意到不同当事人的心理诉求差异，比如，有的当事人不愿意将纠纷公开化而有的当事人想得到公众关注，有的当事人认同实质正义而有的当事人认同程序正义。因此，纠纷解决机制还应当满足不同当事人的心理诉求。基于当事人心理需求的进路，梁平和陈奎认为为满足当事人的心理需求，各种纠纷解决机制的价值有所不同，有必要建立健全多元化纠纷解决机制，探究多元化纠纷解决机制的引导机制，指引当事人选择恰当的机制。[⑥] 其

---

① 尹伟民：《协商性纠纷解决机制之反思》，《学术界（双月刊）》，2010 年第 8 期，第 53～59 页；朱景文：《中国法治道路的探索——以纠纷解决的正规化和非正规化为视角》，《法学》，2009 年第 7 期，第 3～21 页；崔永东、葛天博：《司法改革范式与司法学研究》，《现代法学》，2018 年第 40 卷第 5 期，第 50～66 页。

② 赵赟、张蛟：《关于构建多元化纠纷解决机制问题的探讨》，《理论探讨》，2017 年第 5 期，第46～50 页。

③ 王肃元：《论我国纠纷解决制度中的资源配置效率》，《中国法学》，1998 年第 5 期，第 104～110 页。

④ 范愉：《浅谈当代"非诉讼纠纷解决"的发展及其趋势》，《比较法研究》，2003 年第 21 卷第 4期，第 29～43 页。

⑤ 左卫民：《常态纠纷的非司法解决体系如何和谐与有效——以 S 县为分析样本》，《法制与社会发展（双月刊）》，2010 年第 5 期，第 48～58 页。

⑥ 梁平：《论多元纠纷解决机制的沟通之维——基于当事人心理需求角度的审视》，《河北法学》，2009 年第 27 卷第 10 期，第 132～136 页；陈奎：《论多元纠纷解决机制的引导机制》，《河北法学》，2010 年第 28 卷第 9 期，第 31～38 页。

实，多元化纠纷解决机制并非现代社会的发明，我国非诉纠纷解决机制历史悠久，据范愉、刘建仓、陆益龙和崔永东等人的研究，多元化的纠纷解决机制是古代普遍存在的现象，而如今我国社会处于转型时期，矛盾纠纷变得多元化、复杂化，建构社会秩序需要多元化纠纷解决机制。[①] 总体上，学术界对于多元化纠纷解决机制在解决纠纷过程中的重要性达成了共识。

学术界的绝大部分观点认为多元化纠纷解决机制在当代我国发挥了重要作用。范愉、齐树洁和彭勃等人分别在其研究中强调了多元化纠纷解决机制在构建和谐社会中具有重要价值。[②] 多种纠纷解决方式所结成的是一个满足社会主体多样性需求的程序体系和动态体系。据杜闻、周晓唯等人的研究，替代性纠纷解决方式具有灵活解决纠纷、合理分配司法资源、降低纠纷解决成本、补充诉讼程序缺陷等功能。[③] 苏力和龙飞还指出多元化纠纷解决机制还可以分流案件，解决"案多人少"的问题，避免了纠纷解决方式的绝对化，为当事人提供多元化的选择机会。[④] 徐昕认为国家通过默许私人解决纠纷而实现国家权力的渗透。[⑤] 对于司法与多元化纠纷解决方式之间的关系，有观点认为司法并不能解决一切纠纷，过多的诉讼会损害社会关系、威胁社会稳定。该观点有一定的合理性，过多的诉讼既浪费了有限的司法资源，又引发了不和谐的社会关系。然而，也有范愉、史长青和石佑启等学者持相反观点，认为过多适用多元化纠纷解决可能会对司法审判产生不良的副作用，认为替代性纠纷解决方式的兴起导致了审判的衰落，司法系统正在从单纯的公力救济领域变成公私合作的场

---

① 范愉：《中国非诉讼程序法的理念、特点和发展前景》，《河北学刊》，2013 年第 33 卷第 5 期，第 138～145；刘建仓：《中国传统社会的诉讼外解纷机制》，《齐鲁学刊》，2013 年第 1 期，第 111～114 页；崔永东、葛天博：《司法改革范式与司法学研究》，《现代法学》，2018 年第 40 卷第 5 期，第 50～66 页；陆益龙：《快速转型期城市社会易发矛盾纠纷及其化解机制》，《人文杂志》，2013 年第 12 期，第 101～109 页。

② 范愉等：《多元化纠纷解决机制与和谐社会的构建》，经济科学出版社，2011 年，第 48～60 页；齐树洁：《和谐社会语境下我国纠纷解决机制之重构》，《毛泽东邓小平理论研究》，2011 年第 2 期，第 6～11，83 页；彭勃、陶丹萍：《替代性纠纷解决机制本土化问题初探》，《政治与法律》，2007 年第 4 期，第 71～75 页。

③ 杜闻：《论 ADR 对重塑我国非诉讼纠纷解决体系的意义》，《政法论坛（中国政法大学学报）》，2003 年第 21 卷第 3 期，第 151～156 页；周晓唯、胡强：《非诉讼纠纷解决方式的法经济学分析》，《制度经济学研究》，2006 年第 4 期，第 126～145 页。

④ 苏力：《审判管理与社会管理——法院如何有效回应"案多人少"?》，《中国法学》，2010 年第 6 期，第 176～189 页；龙飞：《多元化纠纷解决机制立法的定位与路径思考——以四个地方条例的比较为视角》，《华东政法大学学报》，2018 年第 3 期，第 107～116 页。

⑤ 徐昕：《法律是否重要——来自华南的一个民间收债案例》，《社会学研究》，2004 年第 1 期，第 53～63 页。

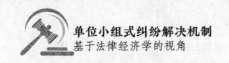
合，而政府治理纠纷的复合性要求建立多元化纠纷解决机制与强化权利救济。①
以上这些关于多元化纠纷解决机制的研究的主要目的是论证其存在的必要性、
合理性、可行性，从效果上看，多元化纠纷解决机制已经成为一个接受度很高
的学术概念，人们往往也认可多元化纠纷解决机制的重要性。

调解被认为是多元化纠纷解决机制的代表，有关调解的研究十分丰富。在
早期的研究中，范愉、曾宪义、王雨本和吴春雷等人认为调解有着悠久的历
史，各种形式的调解构成了多元化的纠纷解决机制的主要内容，主张扩大调解
的受案范围。② 兰荣杰的研究预判人民调解在未来社会的纠纷解决体系中仍将
占据重要地位，陆益龙的研究认为乡村社会的基层调解是一种具备法礼融合的
多元纠纷化解机制。③ 以上关于调解纠纷解决机制的评论让我们看到，对于投
诉方而言，调解可能也并非明智的选择，投诉方与被投诉方之间可能存在力量
不均衡、信息不对称的情况。

不同主体在"纠纷解决市场"上的竞争无时不在、无处不有。在少数民族
地区，由于少数民族习俗的存在，解决纠纷的方式与国家司法纠纷解决方式之
间可能存在冲突。比如，在彝族地区则是"德古"参与民间调解，郭剑平、安
静、李剑、冯露和李毅等人的研究发现，这些民间调解仍然在民族地区发挥着
重要作用，但是德古主持刑事和解也存在与法律法规的规定相冲突的问题以及
德古的权威式微等问题。④ 这些研究表明各种纠纷解决方式之间存在竞争关
系。在金融领域，证券交易所设立或者发起专门的机构解决券商间或券商与投

---

① 范愉：《诉讼社会与无讼社会的辨析和启示——纠纷解决机制中的国家与社会》，《法学家》，
2013 年第 1 期，第 1~14、176 页；史长青：《裁判、和解与法律文化传统——ADR 对司法职能的冲
击》，《法律科学（西北政法大学学报）》，2014 年第 2 期，第 3~12 页；石佑启、杨治坤：《中国政府治
理的法治路径》，《中国社会科学》，2018 年第 1 期，第 66~89、205~206 页。

② 范愉：《小额诉讼程序研究》，《中国社会科学》，2001 年第 3 期，第 141~153、207 页；曾宪
义：《关于中国传统调解制度的若干问题研究》，《中国法学》，2009 年第 4 期，第 34~46 页；王雨本：
《论多元化社会矛盾与多元化解决纠纷机制——从经济法角度诠释多元化解决纠纷机制》，《法学杂志》，
2009 年第 5 期，第 68~70 页；吴春雷、杜文雅：《多元化纠纷解决机制的适用范围研究》，《法学杂
志》，2011 年第 A1 期，第 292~298 页。

③ 兰荣杰：《人民调解：复兴还是转型?》，《清华法学》，2018 年第 12 卷第 4 期，第 111~127 页；
陆益龙：《基层调解与法礼融合的纠纷化解机制——对一起乡村交通事故的法社会学分析》，《社会科学
研究》，2018 年第 3 期，第 106~113 页。

④ 郭剑平：《侗款的变迁及其与侗族地区纠纷解决机制研究》，《现代法学》，2012 年第 34 卷第 5
期，第 31~40 页；安静：《论我国藏区民间纠纷私力救济》，《法学杂志》，2012 年第 12 期，第 78~83
页；李剑、杨玲：《民族地区多元化纠纷解决机制的构建——以当代彝区的法律实践为例》，《法学杂
志》，2011 年第 8 期，第 127~130 页；冯露、李欣：《凉山彝族地区刑事和解的运作研究》，《西南民族
大学学报（人文社会科学版）》，2016 年第 12 期，第 108~112 页；李毅：《传统德古：纠纷解决权威的
式微》，《甘肃政法学院学报》，2013 年第 2 期，第 29~34 页。

资者之间的纠纷。吴伟央、沈伟和余涛的研究发现,对于金融纠纷,公权力机关强调运用调解方式,但是,"解决纠纷市场"上的相关主体总体上并不偏好诉讼。①

　　对纠纷解决机制的一部分研究关注到了网络纠纷解决机制。随着电子商务的发展,利用电子通信技术解决争议的做法逐渐兴起,刘满达、肖永平、方旭辉、高薇和胡晓霞等人对在线纠纷解决机制进行了研究。② 在线纠纷解决方式缓解了"案多人少"的矛盾,但也存在功能不足等问题。也有研究者认为在线解决纠纷机制最适合于解决标的额小、当事人间空间距离遥远的网络民事纠纷。③ 有郑维炜、方旭辉、倪楠、王琦、胡晓霞、刘青杨、郑世保等研究者分别认为在线纠纷解决机制在跨境电子商务④、电商版权纠纷⑤、知识产权纠纷⑥、"一带一路"贸易纠纷⑦、国际民商事纠纷⑧、互联网域名纠纷⑨等领域能够发挥更多作用。

---

　　① 吴伟央:《美国证券自律组织纠纷解决机制程序正当性研究——以证券调解与仲裁程序为中心》,《证券市场导报》,2013年第3期,第51~58,65页;沈伟、余涛:《金融纠纷诉讼调解机制运行的影响因素及其实证分析——以上海为研究对象》,《法学论坛》,2016年第31卷第6期,第110~123页。

　　② 刘满达:《论争议的在线解决》,《法学》,2002年第8期,第44~51页;肖永平、谢新胜:《ODR:解决电子商务争议的新模式》,《中国法学》,2003年第6期,第146~157页;方旭辉:《网上纠纷解决机制的新发展——从网络陪审团到大众评审制度》,《江西社会科学》,2014年第11期,第124~129页;高薇:《互联网争议解决的制度分析:两种路径及其社会嵌入问题》,《中外法学》,2014年第26卷第4期,第1059~1079页;胡晓霞:《我国在线纠纷解决机制发展的现实困境与未来出路》,《法学论坛》,2017年第32卷第3期,第97~105页。

　　③ 郑世保:《论我国在线解决纠纷机制的完善》,《中国社会科学院研究生院学报》,2017年第4期,第126~136页;郑世保:《在线纠纷解决机制的困境和对策》,《法律科学(西北政法大学学报)》,2013年第6期,第190~197页。

　　④ 郑维炜、高春杰:《"一带一路"跨境电子商务在线争议解决机制研究——以欧盟〈消费者ODR条例〉的启示为中心》,《法制与社会发展(双月刊)》,2018年第4期,第190~204页。

　　⑤ 方旭辉:《ODR——多元化解决电子商务版权纠纷新机制》,《法学论坛》,2017年第32卷第4期,第155~160页。

　　⑥ 方旭辉:《ODR:解决版权纠纷的新模式》,《知识产权》,2015年第10期,第108~114页;徐涛:《"互联网+"时代下网络版权纠纷解决机制探讨》,《北京政法职业学院学报》,2018年第1期,第52~57页。

　　⑦ 倪楠:《构建"一带一路"贸易纠纷在线非诉讼解决机制研究》,《人文杂志》,2017年第1期,第37~43页;王琦:《"一带一路"争端解决机制的阐释与构建》,《法学杂志》,2018年第8期,第13~23页;胡晓霞:《"一带一路"建设中争端解决机制研究——兼及涉外法律人才的培养》,《法学论坛》,2018年第33卷第4期,第35~44页。

　　⑧ 刘青杨、金鹏:《民商事在线非诉纠纷解决机制的构建——以中国和俄罗斯的贸易往来为例》,《江汉论坛》,2018年第10期,第128~131页。

　　⑨ 郑世保:《域名纠纷在线解决机制研究》,《政法论丛》,2014年第3期,第120~126页。

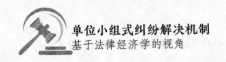

在体育纠纷领域，绝大多数体育纠纷在体育组织的内部得到解决。比如，各单项运动协会成立专门小组，主持听证会对某一体育纠纷做出处理决定；体育协会内部无法解决的，运动员仍可以提交上一级运动委员会进行解决，在体育组织内部协调未果后方可在体育组织外仍可寻求其他解决途径。[①] 有研究者建议依照"处罚—申诉—执行"的逻辑设置纪律委员会、申诉委员会和执行委员会等体育协会内部纠纷解决机构。[②] 可见，在体育纠纷领域，在某一单位内部设立特定类型的委员会解决特定类型的纠纷的操作具有普遍性，而这种操作与本书所研究的单位小组式纠纷解决机制具有相通之处。在劳动纠纷领域，由于公力救济耗费时间、金钱且程序烦琐，劳动者可能在私力救济无效后再诉诸裁判。[③] 与诉讼相比，替代性纠纷解决机制能够及时、高效、低廉地解决小额、频发的旅游纠纷。[④]

总体上，关于多元化纠纷解决机制的相关研究呈现出如下特点：在早期，研究者对于多元化纠纷解决机制的定义尚不统一，但是，随着研究的深入，绝大多数研究者对多元化纠纷解决机制持支持态度，多元化纠纷解决机制亦被正式确立为我国法治建设的目标。笔者认为多元化纠纷解决机制是对诉讼之外的非诉讼纠纷解决程序或机制的总称，故采用了学术界通用的"多元化纠纷解决机制"这一表述。早期关于多元化纠纷解决机制的研究主要是论证、强调多元化纠纷解决机制的合理性、重要性，多元化纠纷解决机制已经是一个接受度很高的概念。有关调解的研究十分丰富，调解被认为是多元化纠纷解决机制的代表，早期的研究强调调解的优势而近期的研究对调解的缺点提出了一些批评。除调解外，多元化纠纷解决机制还包括私力救济、信访、民间纠纷、证券领域纠纷、体育领域纠纷、劳动纠纷、旅游纠纷、在线纠纷解决机制等。前述研究对于我们认识单位小组式纠纷解决机制也有重要的启示意义，比如相关单位在内部设立特定的委员会解决体育纠纷的操作与单位小组式纠纷解决机制具有相通之处。

---

① 李耀磊、尚荣敏：《体育纠纷解决途径研究》，《河北法学》，2018年第36卷第7期，第186～192页。

② 胡伟、程亚萍：《法社会学视阈下的体育纠纷解决机制研究》，《北京体育大学学报》，2013年第36卷第1期，第25～29页。

③ 沃耘：《民法典视阈下劳动纠纷的民法适用——以劳动者私力救济为切入点》，《政法论丛》，2017年第5期，第121～128页。

④ 连俊雅：《中国旅游业非诉纠纷解决机制的完善》，《江西社会科学》，2017年第1期，第203～211页。

三、多元化纠纷解决机制对小组解决纠纷机制的启示

截至 2021 年，单位小组式纠纷解决机制的适用案件包括一些可能涉及刑事犯罪的情形，但是，这些纠纷却未被定性为刑事案件。由于公安机关、纪检监察机关也参与到一些纠纷的处理过程中，因此，有必要探索单位小组式纠纷解决机制与刑事和解之间的关系。

左卫民等分析了派出所对治安纠纷和普通民事纠纷进行调解的正当性。[①]在单位小组式纠纷解决机制中，确实有公安机关的参与，派出所在一些纠纷中也确实发挥了调解纠纷的作用。"刑事和解"是司法机关或者调解机构参与的调解。研究发现，刑事和解案件涉及轻伤害案件、盗窃、交通肇事、抢劫、重伤等。刑事和解包括投诉方与被投诉方自行和解、司法机关积极介入的司法调解、作为社会中介机构的人民调解委员会进行调解等三种模式，它既满足了冲突双方的利益需求，又使得公安司法机关可以获得提高诉讼效率、解决疑难案件等一系列诉讼收益，实现社会和谐，这是一种有别于传统对抗性司法的"私力合作模式"。刑事和解追求的最高价值是社会冲突的化解和社会关系的和谐。[②] 有研究者认为在我国刑事司法中构建多元化纠纷解决机制必将引发刑事司法本身的抵抗，应着力于刑事和解、刑事调解、社区警务等。[③] 尽管刑事和解中存在当事人偏好的方案大幅偏离法律规定的问题，总体上，诉讼机制是应对犯罪的基本力量，刑事和解是诉讼机制的必要补充。[④] 单位小组式纠纷解决机制的适用案例包括一些可能涉及刑事犯罪，可以适用刑事和解的案件，被投诉方所属单位、公安机关、纪检监察机关等在一小部分的案件中确实发挥了调解投诉的作用，这表明单位小组式纠纷解决机制在一些可以适用刑事和解的案件中发挥了积极作用。

有相当一部分公司特别是为社会大众熟知的大型互联网公司，在遭遇针对被投诉方和被投诉方所属单位的控诉、投诉时，也会选择使用单位小组式纠纷

[①] 左卫民、马静华：《论派出所解决纠纷的机制——以一个城市派出所为例的研究》，《法学》，2004 年第 9 期，第 53~62 页。

[②] 陈瑞华：《刑事诉讼的私力合作模式——刑事和解在中国的兴起》，《中国法学》，2006 年第 5 期，第 15~30 页；陈瑞华：《司法过程中的对抗与合作——一种新的刑事诉讼模式理论》，《法学研究》，2007 年第 3 期，第 113~132 页。

[③] 胡铭：《法律现实主义与转型社会刑事司法》，《法学研究》，2011 年第 2 期，第 52~69 页。

[④] 向燕：《论刑事和解的适用基准》，《法学》，2012 年第 12 期，第 143~152 页；杜宇：《刑事和解与传统诉讼体制之关系》，《环球法律评论》，2010 年第 2 期，第 6~16 页。

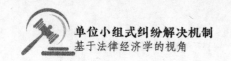
解决机制处理投诉。关于多元化纠纷解决机制的相关研究表明，相对于诉诸司法系统所代表的公力救济，被投诉方所属单位的内部纠纷解决机制在处理一些纠纷问题上亦有其比较优势。蒋大兴发现被投诉方所属单位的内部纠纷解决机制能促进社会的团结，法律应当承认公司机构对内部纠纷的"预先裁决权"，以此压缩不必要的诉讼。[①] 左卫民等研究了经济组织的自决机制后发现自决是成本低廉的纠纷解决方式，诉讼反而是不得已的选择。[②] 朱景文发现在改革开放之前纠纷通过工作单位、居委会、村委会解决。[③] 以上分析表明，单位小组式纠纷解决机制在高等院校、大型公司等有广泛适用空间。

单位小组式纠纷解决机制顺利地解决了相当一部分发生在校园内的纠纷，如学术不端行为、性骚扰、性侵和其他侵害学生利益的行为等纠纷。有学者注重域外非正式途径解决纠纷经验对于我国的启示意义。美国普林斯顿大学的纠纷处理规则体系鼓励通过谈话、调解、和解等非正式途径解决纠纷。比如，当事人可以向学校有关部门控诉歧视、性骚扰；学生可以与教师、系主任沟通及向考试和常务校务委员会控诉相关学术纠纷；学校还设置了司法委员会等专门纠纷解决机构。[④] 20 世纪 60 年代以后，美国的许多私法组织和政府以外的机构开始创设监察专员，这一制度以解决这些部门内部产生的民怨与诉求为主，并最终形成了数量众多的"组织监察专员"。美国的组织监察专员制度是一种公法与私法交融、纠纷解决与权利救济并行的法律制度，主要适用于大学、监狱和公司等。[⑤]

单位小组式纠纷解决机制的发生并非偶然，运用多元化纠纷解决机制处理校内纠纷已是一种普遍做法，而由小组调查学术不端等校内纠纷并由学术委员会做出相应处理的实践操作亦有法律依据。在教育领域有研究建议在学生申诉中大力使用非诉讼纠纷解决机制，比如《北京师范大学学生申诉管理办法》第十九条第五款规定，学生申诉复查小组认为确有必要时，可决定组织听证

---

① 蒋大兴：《团结情感、私人裁决与法院行动——公司内解决纠纷之规范结构》，《法制与社会发展（双月刊）》，2010 年第 3 期，第 54~77 页。

② 左卫民、马静华、康怀宇：《经济组织与纠纷自决——以两个企业为例的分析》，《当代法学》，2009 年第 23 卷第 2 期，第 30~39 页。

③ 朱景文：《中国法治道路的探索——以纠纷解决的正规化和非正规化为视角》，《法学》，2009 年第 7 期，第 3~21 页。

④ 王慧：《美国高校纠纷解决机制及相关的启示——以普林斯顿大学为例》，《江苏高教》，2014 年第 6 期，第 153~155 页。

⑤ 韩春晖：《美国组织监察专员制度及其启示》，《法商研究》，2013 年第 6 期，第 139~147 页。

会。① 有研究建议完善高等院校校内纠纷解决机制治理高校校内纠纷②，追求构建高等院校校内部自治型的多元化解决纠纷机制，淡化解决纠纷机制中裁判者的"压制者角色"。③ 教育申诉制度是针对高等院校和教师、高等院校和学生之间发生的纠纷而制定的特有制度，属于专门的大学纠纷解决机制、非诉讼纠纷解决机制。④《中华人民共和国教育法》第四十三条规定了受教育者享有的权利，该条款第四项规定受教育者有权"对学校给予的处分不服向有关部门提出申诉，对学校、教师侵犯其人身权、财产权等合法权益，提出申诉或者依法提起诉讼"。《中华人民共和国高等教育法》第四十二条第一款第三项至第五项规定高等学校的学术委员会履行的职责包括："调查、处理学术纠纷；调查、认定学术不端行为；按照章程审议、决定有关学术发展、学术评价、学术规范的其他事项。"由此可知，法律将解决学术纠纷的权力赋予了学术委员会，明确了学术委员会有权利调查、处理学术纠纷，调查、认定学术不端行为的权利。有研究者提出非诉讼争端解决机制是解决学术不端行为的有效途径⑤，但遗憾的是，并没有注意到频频见诸报端的有关学术不端的投诉现象及因投诉行为而导致某单位成立小组处理纠纷的现象。《教育部关于切实加强和改进高等学校学风建设实施意见》中（教技〔2011〕1号）也规定："各类学术不端行为的举报统一由当事人所在高校组织调查。"可见，法律法规和相关政策均支持高校对针对所属员工的学术不端投诉进行调查、处理，在实践中各地高校通常选择成立小组对投诉进行调查，并由学术委员会依据相关调查结论进行处理。

四、单位小组式纠纷解决机制的私力救济属性

"纠纷解决市场"是一个分析现实社会的理论工具，"纠纷解决市场"的功能在于为学者观察纠纷解决问题提供一个参照系或理论模型。在从"纠纷解决

---

① 申素平、陈瑶：《论非诉讼纠纷解决机制及其在我国教育领域的适用》，《中国高教研究》，2017年第1期，第64~69页。

② 姜波：《高校校内纠纷的治理机制研究》，《中国青年研究》，2014年第9期，第97~101页。

③ 陈慰星、钟伟丽：《高校纠纷解决机制的范式、角色及其规范研究》，《中国高教研究》，2011年第6期，第32~36页。

④ 周湖勇：《大学的有效治理和大学纠纷解决机制的建立健全》，《中国高教研究》，2016年第11期，第33~40页。

⑤ 安心、常裕：《学术不端行为破解的新路径：非诉讼争端解决机制》，《江苏高教》，2014第2期，第5~8页。

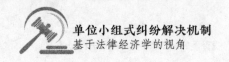

市场"角度切入单位小组式纠纷解决机制时，人们应当清醒地认识到"纠纷解决市场"是一个理论性的分析工具，现实世界并不存在真正的"纠纷解决市场"。

学术界对私力救济定义的认识并不完全一致，笔者认为私力救济之"私"是相对于公力救济之"公"而言的。私力救济是指当事人认为其权利受到侵害，在没有第三者以中立名义介入纠纷解决的情形下，不通过国家机关和法定程序，而依靠自身或私人力量解决纠纷。梁慧星认为自助行为是指权利人为保护自己的权利而对他人的自由或财产施以拘束或损毁的行为。[①] 而江平认为私力救济是指民事主体在紧迫且必要时，在法律范围内，通过实施自卫或自助行为救济被侵害的民事权利。[②] 江平对私力救济的定义更强调其紧迫性、必要性和合法性。还有研究者认为自力救济或私力救济是指纠纷主体依靠自己的力量解决纠纷，没有第三者协助或主持解决纠纷，其典型方式是和解；社会救济是依靠社会力量（第三者）解决纠纷的方式，比如人民调解、行政调解和仲裁。[③] 范愉则持不一样的观点，范愉认为私力救济并不完全等同于自力救济，尽管私力救济与自力救济可能完全同一，但是二者在是否借助第三方参与纠纷解决这一特征上不同：自力救济是相对于他力救济而言，以有无第三方介入为标准；而私力救济与公力救济、社会救济相对应，同时以救济主体、方式的民间性或私人性为标准。范愉将私力救济定义为通过私人之间、共同体内部和其他民间力量实现个人权利、解决权益纷争的非正式机制。私力救济也可能通过不具备任何官方色彩和职业资格的民间机构或个人等第三方介入解决纠纷。[④] 纠纷双方当事人邀请有一定身份的人调解矛盾纠纷的现象也被认为是一种私力救济。[⑤] 谢晖将私力救济分为启动形式合法的私力救济和启动形式非法的私力救济，私力救济虽然能够解决纠纷，却可能在对象、手段等方面违背法律。[⑥]

单位小组式纠纷解决机制具有明显的私力救济色彩。徐昕对私力救济的界定更强调私力救济是当事人为争取个人权利而斗争的单方行动。徐昕认为私力救济是指当事人认定其权利受到侵害，在没有第三方以中立名义介入纠纷解决的情形下不通过国家机关和法定程序，而是依靠自身或私人力量实现纠纷解

① 梁慧星：《民法总论》，法律出版社，2011年，第277页。
② 江平：《民法学》，中国政法大学出版社，2007年，第88~89页。
③ 邵明：《民事纠纷及其解决机制论略》，《法学家》，2002年第5期，第20~27页。
④ 范愉：《私力救济考》，《江苏社会科学》，2007年第6期，第85~90页。
⑤ 安静：《论我国藏区民间纠纷私力救济》，《法学杂志》，2012年第12期，第78~83页。
⑥ 谢晖：《论民间法与纠纷解决》，《法律科学（西北政法大学学报）》，2011年第6期，第35~45页。

决。没有第三方以中立名义介入纠纷解决是私力救济的本质,是区别于公力救济和其他纠纷解决方式的关键。私力救济的另一特征是具有非程序性。[①] 在单位小组式纠纷解决机制中,投诉人自认为利益受损没有诉诸公力救济,也没有选择调解或者不能选择仲裁等社会救济,而是主动向被投诉人所属单位进行投诉,同时也可能双管齐下通过新闻媒体和互联网社交平台曝光该纠纷,被投诉方所属单位惧怕连带责任惩罚而不得不迅速解决纠纷。以上诸多细节表明纠纷是投诉方为了追求个人权利的单方行为,被投诉方所属单位不是中立的第三方。以上特征使得单位小组式纠纷解决机制的纠纷解决过程具有明显的私力救济的色彩。投诉方基于各种因素综合考虑后最终选择向被投诉方所属单位投诉而未选择向国家机关寻求公力救济。单位小组式纠纷解决机制作为多方博弈产生合力的结果,该博弈本身是投诉方单方主动发起的。以上分析表明单位小组式纠纷解决机制符合私力救济不通过国家机关和法定程序,而依靠自身或私人力量,维护自身权利,解决纠纷的特征。

在介入纠纷时,被投诉方所属单位是否是中立的第三方呢?是否中立是相对于争议双方而言的?本书的分析显示,该单位试图以中立第三方的名义解决纠纷,对于投诉方而言,无论被投诉方所属单位是否中立,投诉方依然会继续选择向被投诉方所属单位投诉。笔者的分析如下:

第一,被投诉方与其所在单位存在或者曾经存在身份上的隶属关系[②]、职能上管理与被管理的关系,构成了投诉方在社会观念中可以向被投诉方所属单位进行投诉的直接原因。由于涉嫌侵害投诉方的行为可能并不是被投诉方履行职务的行为,因而也就谈不上可能的雇主责任。

第二,对于投诉方而言,被投诉方所属单位是否中立并不是至关重要的。重要的是投诉方能够通过投诉维护其受到侵害的权利或利益。投诉方遵从"手段—目的"理性[③],只要通过向被投诉方所属单位投诉才能达到维护其个人合法权利的效果,被投诉方所属单位是否中立并不是特别重要。无论被投诉方所属单位是否试图表明其中立、客观的态度,若被投诉方所属单位无视投诉,投诉方仍可以选择通过新闻媒体和互联网社交平台等第三方渠道继续曝光该纠纷。不论被投诉方所属单位有没有以中立、客观的名义介入纠纷,面对稍有不

---

① 徐昕:《论私力救济》,清华大学博士学位论文,2003年,第46～48页。

② 在公法领域,所有公民在法律面前都是平等的,在私法领域,自然人的民事权利能力一律平等。尽管制定法不再强调人的身份,但是,法律仍不能消除人实际享有的身份属性,社会是分层的。李强:《社会分层十讲(第二版)》,社会科学文献出版社,2011年,自序第1～3页。

③ 波斯纳:《法理学问题》,苏力译,中国政法大学出版社,2001年,第133～137页。

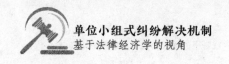
慎便可能遭受声誉罚的连带责任,它都将不得不尽快采取应对策略平息该投诉。

第三,被投诉方所属单位不是专业的纠纷解决机构,即便是被投诉方所属单位试图做到中立的第三方,也很可能力不从心。笔者并不认为专业纠纷解决机构就能解决纠纷,在现代社会劳动分工的大前提下,法院、仲裁委员会等专业的纠纷解决机构比非专业的单位在一般意义上更能保护纠纷双方的合法利益,这是一种基于社会常识的大概率判断。

第四,被投诉方所属单位因惧于投诉行为所引发的连带责任才积极成立小组应对投诉。被投诉方所属单位的利益本身使得其在单位小组式纠纷解决机制中难以保持对专业的纠纷解决机构的中立性、客观性。可见,在典型的单位小组式纠纷解决机制中,投诉方在多数情况下并没有将被投诉方所属单位置于中立第三方的位置,且由于牵涉其自身利益,被投诉方所属单位亦不能被视为中立的第三方。如果将纠纷解决机制中第三方机构的中立程度视为一道由弱逐渐变强的光谱,那么,单位小组式纠纷解决机制处于这道光谱中偏向中立性较弱的一端,而以法院为代表的公力救济无疑趋向于这道光谱上中立性最强的一端。单位小组式纠纷解决机制中被投诉方所属单位的中立性如图3-1所示。

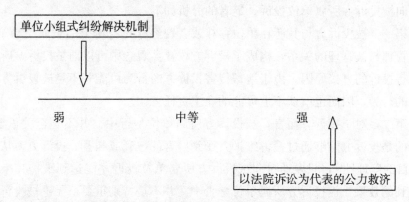

图3-1 单位小组式纠纷解决机制中被投诉方所属单位的中立性

单位小组式纠纷解决机制还表现了私力救济所具有的非程序性。前文分析表明单位小组式纠纷解决机制是投诉方、被投诉方、被投诉方所属单位三方动态博弈所产生的合力的结果。经济学家哈耶克提出的自发秩序理论提到:"与那些较为精致繁复的设计相比较,一些并非经由任何人的发明而自我发展起来的制度，有时候可以为文化的发展提供一个更好的框架。"① 单位小组式纠纷解决机制是在"纠纷解决市场"中产生的"自发秩序"，而非任何个人或机构有意设计的成果。因此，截至 2021 年还不存在限定单位小组式纠纷解决机制运行流程的程序规定。对于单位而言，单位小组式纠纷解决机制的主要功能是平息纠纷、查清事实。对于投诉方而言，投诉只是他追求个人正义的一个工具或手段。投诉方的个人目的可能并不高尚，对于某一具体案件中的多方当事人，单位小组式纠纷解决机制的产生是偶然的、自发的，是各方当事人追求个人利益的结果。②

综上所述，投诉方自认为其合法权益受损后主动放弃了向公权力机关寻求公力救济，没有选择或不能选择调解、仲裁等社会救济，而直接向被投诉方所在的单位投诉，间或又通过新闻媒体和互联网社交平台曝光该纠纷。这些策略选择是投诉方基于个人禀赋、证据、成本与收益等众多变量综合权衡利弊的选择，亦是其追求个人正义和私利的结果。单位小组式纠纷解决机制是"纠纷解决市场"上自发产生的秩序，不存在任何法定的或公认的程序规范规制单位小组式纠纷解决机制的运行过程，以上诸多细节均使得单位小组式纠纷解决机制具有明显的私力救济属性。

五、单位小组式纠纷解决机制中的公权力因素

尽管单位小组式纠纷解决机制具有私力救济的属性，即便是私力救济中仍有公权力因素，任何救济都是在法律背景之下的救济，私力救济也是如此。③ 单位小组式纠纷解决机制中也必然包含了公权力因素。有学者认为在私力救济中，权利主体不借助于公力救济，单纯依靠私人的力量实现权利。④ 所谓私力救济单纯依靠私人力量的观点值得商榷。本书的分析显示，在运用单位小组式纠纷解决机制化解的案件中都包含了一定的公权力因素。特别是，在我国浓厚的政法治理传统下，政法模式下的救济机制往往是政治、社会、法律等多种救

---

① 哈耶克：《知识的僭妄：哈耶克哲学、社会科学论文集》，邓正来译，首都经济贸易大学出版社，2014 年，第 25 页。

② 一个制度的发生，可能完全是一种历史的偶然，是某个具体的人争权夺利、妥协、追求个人利益的产物。苏力：《制度是如何形成的（增订版）》，北京大学出版社，2007 年，第 52 页。

③ 徐昕：《论私力救济》，清华大学博士学位论文，2003 年，第 168～169 页。

④ 沃耘：《民事私力救济的边界及其制度重建》，《中国法学》，2013 年第 5 期，第 178～190 页。

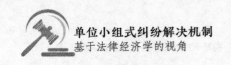

济方式的综合运用和横向互动。[①] 相关实际案件也表明单位小组式纠纷解决机制的运行包含了浓厚的公权力因素。

第一，公权力是单位小组式纠纷解决机制运行的制度背景。投诉方在向被投诉方所属单位投诉的同时，可能多管齐下，也向被投诉方所属单位的上级单位、主管部门进行投诉，还可能同时向公安机关报案。被投诉方所属单位的上级单位、主管部门也可能因其处理舆情不力、不积极应对投诉的行为进行问责。上级部门的问责压力和若隐若现的公权力机关的背景均表明单位小组式纠纷解决机制的正常运行仍然存在浓厚的公权力因素。由于小组及成立该小组的单位并非法院式的中立第三方，调查结论及该单位对纠纷的处理结果可能未能让投诉方满意，不排除投诉方诉诸司法救济的可能。理论上，投诉方在投诉之后向法院提起诉讼并不违反"一事不再理"的原则。

投诉方无论是直接向被投诉方所属单位投诉，还是通过第三方渠道曝光该投诉，都能以向国家机关寻求公力救济作为威胁。假若投诉方在投诉活动中投入了大量时间和精力，其投诉行为一旦没有得到被投诉方所属单位的最终支持，通过国家机关寻求公力救济可能变成一种"可置信的威胁"。投诉方仍可以向国家机关寻求公力救济是投诉方和被投诉方所属单位的"共同知识"（common knowledge）。当然，如若不能满足法律第三方治理机制所要求的信息的可观察性和可检证性，投诉方也可能向被投诉方所属单位的上级单位、主管部门进行新一轮投诉，这也意味着单位小组式纠纷解决机制的正常运行仍然依靠权力的支持。当投诉行为引起社会舆论的热点关注之后，上级单位、主管部门的问责压力对于被投诉方所属单位而言也是一种"可置信的威胁"，这也有利于破除被投诉方所属单位是消极应对还是积极应对的相机选择问题。

第二，在单位小组式纠纷解决机制的运行过程中，公权力或者直接发挥作用，或者间接作为隐性力量存在。在实际案例中，人们能多次看到公安机关、纪检监察机关等公权力机构的参与和积极介入。被投诉方所属单位成立了工作小组多次与双方当事人协调、沟通，当地公安机关所还召集双方当事人及其领导进行了调解。在被投诉方所属单位对被投诉方做出处理之后，被投诉方所属单位的主管部门可能对被投诉方做出进一步处罚。在一些投诉纠纷中，主管部门确实对涉事被投诉方所属单位的不作为、不恰当作为进行了问责。比如，教育部门可能因发生在校园内的性骚扰甚至性侵投诉引发的舆情对相关单位

---

① 刘涛、毕可志：《转型中国的政法救济机制》，《烟台大学学报（哲学社会科学版）》，2011年第24卷第4期，第47~54页。

问责。

投诉行为并非单纯的自发现象，也并非绝对不受法律的规制，有的投诉行为明确得到了法律法规的鼓励。《中华人民共和国妇女权益保障法》第四十条规定："禁止对妇女实施性骚扰。受害妇女有权向单位和有关机关投诉。"该条文明确了投诉方在权利受到侵害时可以向相关单位和机关进行投诉。《中华人民共和国民法典》中人格权编第一千零一十条规定："违背他人意愿，以言语、文字、图像、肢体行为等方式对他人实施性骚扰的，受害人有权依法请求行为人承担民事责任。机关、企业、学校等单位应当采取合理的预防、受理投诉、调查处置等措施，防止和制止利用职权、从属关系等实施性骚扰。"根据该条规定，相关单位有义务受理投诉方的投诉，并有权利对利用职权、从属关系实施的性骚扰进行调查和处理。《中华人民共和国民法典》第一千零一十条规定和《妇女权益保障法》第四十条的规定在内容上部分重合，《中华人民共和国民法典》第一千零一十条细化了《中华人民共和国妇女权益保障法》第四十条的规定。《中华人民共和国妇女权益保障法》第五十三条规定："妇女的合法权益受到侵害的，可以向妇女组织投诉，妇女组织应当维护被侵害妇女的合法权益，有权要求并协助有关部门或者单位查处。有关部门或者单位应当依法查处，并予以答复。"《中华人民共和国妇女权益保护法》第五十三条的保护对象是妇女的"合法权益"，包括人身权利、财产权益、劳动和社会保障权益、婚姻家庭权益、文化教育权益、政治权利。显然，妇女在以上诸多权利受到不法侵害时，均可以要求有关单位查处。可见，单位小组式纠纷解决机制在某些纠纷领域的运行过程中存在明显的公权力因素，而在另外一些纠纷领域，公权力则以隐性力量存在。《中华人民共和国高等教育法》第三十九条规定："国家举办的高等学校实行中国共产党高等学校基层委员会领导下的校长负责制。"高等院校实行的是党委领导下的校长负责制，而单位小组式纠纷解决机制在实践中得到普遍应用领域之一便是高等院校。在实际案例中，投诉方可能选择向被投诉方所属单位的纪检部门投诉，而纪检部门基于其职责、工作流程必须对投诉行为做出回应，也会选择成立调查工作组开展调查。在公权力已经成为投诉方行动的制度背景，单位小组式纠纷解决机制的运行必然包含了公权力因素，单纯依靠个人力量、不借助于公权力而解决纠纷的纠纷解决机制是不存在的。

总之，单位小组式纠纷解决机制虽不是公力救济，但其运行过程有明显的公权力因素和公权力机关的参与，单位小组式纠纷解决机制表现出了兼具私力救济和公权力因素的二元属性。如果将纠纷解决机制中公权力因素的强弱程度看成一条渐进的、由弱逐渐变强的光谱，以法院诉讼为代表的公力救济中的公

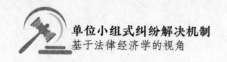

权力因素无疑是最强的。相比较于公力救济中不可置疑的公权力因素，单位小组式纠纷解决机制中的公权力因素则较弱，大约处于这条光谱的中间位置。单位小组式纠纷解决机制中的公权力因素（如图3-2所示）。

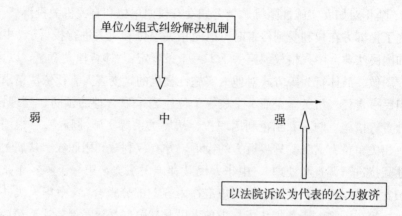

图3-2 单位小组式纠纷解决机制中的公权力因素

六、单位小组式纠纷解决机制的二元属性

众多研究表明私力救济与社会救济的边界往往很难准确划分，私力救济与公力救济之间的界限也是交错的。[①] 私力救济是最悠久的纠纷解决方式，公力救济产生于私力救济的夹缝中。私力救济中有公力因素，公力救济中有私力因素[②]，许多裁判结果一定程度上是公力救济和私力救济交互影响的产物。[③] 公力救济的运行也离不开私人力量的参与。比如，公安机关侦办刑事案件往往需要受害人、受害人家属和普通群众的积极配合。

私力救济要求满足没有第三方以中立名义介入纠纷解决，不通过国家机关和法定程序而依靠自身或私人力量解决纠纷，以及纠纷解决过程的非程序性三个特征。单位小组式纠纷解决机制满足了以上三个特征，体现出其具有明显的私力救济属性。多数情况下单位小组式纠纷解决机制的运行过程中也有公权力因素、公权力机关的参与。相较于法院诉讼救济中不可置疑的公权力因素，单

---

① 范愉：《私力救济考》，《江苏社会科学》，2007年第6期，第85~90页。

② 徐昕：《论私力救济与公力救济的交错——一个法理的阐释》，《法制与社会发展（双月刊）》，2004年第4期，第50~60页。

③ 邵华：《私力救济对弱者权利的实现——以消费者权益保护为视角》，《甘肃社会科学》，2009年第6期，第183~186页。

位小组式纠纷解决机制中的公权力因素则趋于中等程度，这导致单位小组式纠纷解决机制表现出了兼具私力救济和公权力因素的二元属性。

如果一定要为单位小组式纠纷解决机制的类别贴一个标签，笔者认为单位小组式纠纷解决机制属于私力救济。那么，应当如何看待单位小组式纠纷解决机制运行过程中体现的明显的公权力因素呢？实际上，私力救济、公力救济、社会救济都只是分析纠纷解决现象的参照系，在我国这三种纠纷解决机制类型均是在公权力的背景下运行的，只不过以法院为代表的公力救济明确得到了公权力机关的强力支撑，而在单位小组式纠纷解决机制中，公权力则是作为较为大背景而存在的。

第四节　单位小组式纠纷解决机制与公力救济的关系

以诉讼为代表的公力救济在涉及某些类型纠纷的"纠纷解决市场"上没有发挥出其优势，投诉方"用脚投票"，通过直接向被投诉方所属单位投诉的方式追求正义。有研究认为私力救济和公力救济之间呈现出互相排斥、互相补充的动态关系。那么，单位小组式纠纷解决机制在具体的案件中与公力救济之间是何种关系？是竞争关系抑或补充关系？笔者发现单位小组式纠纷解决机制与公力救济之间在"纠纷解决市场"上形成了一定的竞争关系，在实际运行中的单位小组式纠纷解决机制也是对公力救济的一个有益补充。由于单位小组式纠纷解决机制的正常运行包含了公权力因素，且公力救济难以解决社会上发生的所有纠纷，单位小组式纠纷解决机制实际上是公力救济的有益补充。

一、单位小组式纠纷解决机制与公力救济之间的竞争关系

在特定纠纷类型上，单位小组式纠纷解决机制与公力救济之间呈现了一定的竞争关系。一般而言，投诉方自认为其某种法定权利或权益遭到了不法侵害时，都可能在现行法律体系内找到支持其权利主张的法律依据。投诉方均可以寻求公力救济。私力救济是人类社会最古老的救济方式，最激烈的私力救济是众多文学艺术作品的永恒主题——复仇。在一定程度上，可以说私力救济是人类在漫长的生物进化过程中形成的本能。投诉方在本来应当寻求公力救济的时候没有诉诸公力救济，反而选择了单位小组式纠纷解决机制等私力救济，无疑使得公力救济在"纠纷解决市场"中的占有份额减少了。

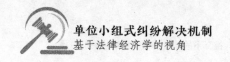

法律作为第三方治理机制要想正常运行就需要信息的可观察性、可验证性等硬性约束条件。受制于有限的财政收入、社会的物质财富水平、特定社会的科学技术水平、信息汲取能力等约束条件，因而不能对社会上所有的违法犯罪行为实现有效的惩罚。性侵、性骚扰案件的违法犯罪行为信息在很大程度上是投诉方和被投诉方之间个人所有的"私人信息"，难以被法院等第三方治理机构观察、验证。即便满足了可观察性条件，由于投诉方没有或不能保存足够的证据使得私人信息得到验证，因而难以满足法律第三方治理机制正常运行所要求的可验证性。

有学者研究发现，法律控制和非法律控制应做如下的分工：如果某种行为具有可观察性、可验证性，该种行为应当由法律加以规制；如果该种行为具有可观察性、但缺乏可验证性，应当由舆论、声誉及其他社会规范予以调整；如果既不可观察、又不可验证，只能诉诸当事人的内心自律。[①] 以上理论恰当地解释了为什么投诉方一定要通过新闻媒体和互联网平台等第三方渠道曝光纠纷，并试图借此途径从同样遭到被投诉方侵害的受害者那里寻找证据。投诉方之所以诉诸被投诉方所属单位是因为投诉方可能缺乏足够的证据证明被投诉方侵害了其合法权益。在性骚扰纠纷中，投诉方可能没有保留相关的证据，从而不会选择向法院诉讼。此外，单位小组式纠纷解决机制体现出的迅速、便捷、注重实质正义等特点也成为其相对于公力救济的比较优势。也正是在这个意义上，人们可以说单位小组式纠纷解决机制是"纠纷解决市场"形成的自发秩序，并非国家主观设计的结果，而且也是"纠纷解决市场"上相关纠纷解决方式存在竞争关系的体现。

人们在某些类型纠纷中更偏好向相关被投诉方所属单位投诉。为什么当事人在自认为其利益受到侵害时，明明可以寻求司法救济但却没有？本书第二章的多方博弈模型给出了一个解释：多种因素导致通过法院诉讼胜诉的概率 P_s 小于通过向被投诉方所属单位投诉的概率 P_j。在这个隐形的"纠纷解决市场"中，尽管各种救济类型之间的竞争状态并非微观经济学意义上的"完全竞争市场"，但也构成了竞争关系。公力救济在一些特定类型纠纷上没能发挥出其优势，单位小组式纠纷解决机制抢占了诸如论文抄袭、学术不端、校园暴力、性骚扰乃至性侵等原本理应由国家公权力管理的纠纷领域，这些纠纷的受害者"用脚投票"，选择直接向被投诉方所属单位投诉或者通过第三方渠道扩大投诉

---

① 吴元元：《传播时代的立法泛化及其法律规制》，《中国地质大学学报（社会科学版）》，2016 年第 16 卷第 3 期，第 1~14，170 页。

行为的影响力。

二、单位小组式纠纷解决机制与公力救济之间的补充关系

单位小组式纠纷解决机制是对公力救济的一个有益补充。面对各类违法犯罪行为日益隐蔽和既定财政预算的硬性约束，私人力量必定会积极介入执法体系中。[①] 与悬赏广告主动激励具有信息优势的一方向信息劣势的一方生产违法犯罪信息相类似，法律允许和鼓励投诉方在其权益受到侵害时主动向被投诉方所属单位投诉，允许和鼓励最能保护投诉方隐私及人身安全的匿名投诉，实际上这也起到了激励投诉方主动向处于信息劣势的被投诉方所属单位、公权力机关提供违法犯罪行为信息的效果。众所周知，诸如发生在职场内、校园内的性骚扰乃至性侵等违法犯罪行为更是呈现隐蔽性、欺骗引诱性的特点。[②] 从信息经济学的视角分析，单位小组式纠纷解决机制是一种有效的信息生产机制。允许、鼓励匿名投诉提高了有关此类型违法犯罪信息的生产效率，与此同时，加大了对此类型违法犯罪行为的威慑力度，从这个角度看，单位小组式纠纷解决机制是公力救济的有益补充，它与公力救济之间形成了一种相互促进的补充关系。

因此，站在国家主体的视角看，公力救济是正当的、正统的，单位小组式纠纷解决机制是对公力救济的有益补充。

站在国家的立场上，公力救济是正统的、正当的，是由国家提供的公共善品。公力救济应在"纠纷解决市场"中发挥主要作用，然而，由于多种因素的限制，国家的力量有限，实际上不能解决所有"纠纷解决市场"中的问题。正是由于应然与实然之间还存在一定差距，国家有权对单位小组式纠纷解决机制进行规制。尽管国家在一些特定领域允许当事人向有关单位或机关进行投诉（比如《中华人民共和国妇女权益保障法》第四十条），但是，这种允许是有限度的，这是为什么单位小组式纠纷解决机制适用的案例较为类型化、所涉及的权利纠纷较为集中的原因之一。本书的博弈分析表明，单位小组式纠纷解决机制的运行有十分苛刻的前提条件，比如投诉方一定要有能力吸引大众的注意力、赢得社会舆论的支持。单单这一个约束条件就已经将相当大一部分的纠纷

[①] 吴元元：《公共执法中的私人力量——悬赏举报制度的法律经济学重述》，《法学》，2013年第9期，第14~23页。

[②] 赵国玲、徐然：《北京市性侵未成年人案件的实证特点与刑事政策建构》，《法学杂志》，2016年第2期，第13~21页。

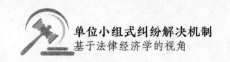

排除在单位小组式纠纷解决机制的适用门槛之外。另外，在现代社会劳动分工越来越细化的前提下，被投诉方所属单位并非专业的纠纷解决机构，也不是具有中立、客观地位的第三方，还与投诉方的投诉存在利益关系，这无疑也是单位小组式纠纷解决机制难以被大规模应用的原因。以上约束条件使得单位小组式纠纷解决机制只能在"纠纷解决市场"中占据小部分份额。

综上，单位小组式纠纷解决机制与公力救济之间形成了兼有竞争与补充的关系。单位小组式纠纷解决机制出色发挥了其比较优势，反而在特定领域争夺了公力救济在"纠纷解决市场"中的原有份额，从而与公力救济之间呈现竞争关系。然而，单位小组式纠纷解决机制亦有其适用门槛。相形之下，现代国家提供的公力救济有强大的人力、物力、财力支持。站在国家主体的视角上看，单位小组式纠纷解决机制是公力救济的有益补充。单位小组式纠纷解决机制与公力救济的良性互动有益于社会的健康发展，让二者发挥其各自的比较优势更有利于社会稳定。

第五节　小结

单位临时设立的小组不能独立承担责任，临时设立的小组打破了单位现有的科层划分，富有灵活性和机动性。单位普遍以小组命名解决纠纷的组织，但也有例外。当投诉频发，临时小组难以满足现实需要，自然而然演变成常态化的组织形式。单位成立小组的目标是处理纠纷、平息舆情，这使得单位小组式纠纷解决机制的优势是化解纠纷而非预防纠纷。同样遭受被投诉方违法犯罪行为侵害的其他受害者会模仿投诉方的博弈策略，即向被投诉方所属单位投诉，在新闻媒体和互联网社交平台曝光投诉；其他单位也习得了应对策略在遭遇舆情危机时迅速设立临时性小组处理投诉。这就解释了为什么有关某一特定类型的投诉往往集中在某个特定时间段。

国家提供的公力救济的正常运行仍然要依靠私人的力量。社会能自发创造一些解决纠纷方式。当公力救济在"纠纷解决市场"上没有明显优势或者没有发挥其优势时，投诉方可以通过直接向被投诉方所属单位投诉及通过媒体扩大纠纷影响力的方式寻求正义。单位小组式纠纷解决机制的广泛应用表明它与国家法定的公力救济方式在某些领域形成了竞争关系。

单位小组式纠纷解决机制属于多元化纠纷解决机制的一种，是"纠纷解决市场"产生的自发秩序。单位小组式纠纷解决机制在高等院校、大型公司等领域有广泛适用空间，顺利解决了一些特定类型投诉，甚至还解决了一些刑事案件。由于没有法定的程序规范限制单位小组式纠纷解决机制的运行，该机制具有明显的私力救济属性。单位小组式纠纷解决机制是在法律背景之下的救济，必然包含了公权力因素。单位小组式纠纷解决机制并非公力救济，与公力救济之间形成了竞争关系。实践中，由于单位小组式纠纷解决机制的正常运行必然包含公权力因素，且公力救济无力解决社会上发生的所有纠纷。因此，单位小组式纠纷解决机制实际上是公力救济的一个有益补充。

第四章　单位小组式纠纷解决机制的比较优势和不足

第一节　单位小组式纠纷解决机制的比较优势

本章详细阐述了单位小组式纠纷解决机制的比较优势和不足，从功能上解释了单位小组式纠纷解决机制为什么可以在"纠纷解决市场"中占据一部分市场份额，并为后文进一步完善该机制指出了方向。相对于人们熟知的公力救济、社会救济，单位小组式纠纷解决机制在实际运行中表现出其比较优势。

一、便利沟通科层组织

单位小组式纠纷解决机制起到了沟通科层组织的效果，前文已强调了这一优势。面对突发的投诉及因该投诉直接引发的、对被投诉方所属单位惧怕连带责任惩罚，以最快时间成立小组调查、处理投诉。前文提到，被投诉方所属单位成立小组处理纠纷的最主要目的是避免连带惩罚。此外，被投诉方所属单位迅速成立小组调查、处理投诉纠纷还能起到向社会大众表明自身力图公正、对违法犯罪行为的零容忍态度。实践中，被投诉方所属单位以高等院校、大型公司为主，这些单位不是专业的解决纠纷的机构，其主要功能是提供教育、医疗公共服务、参与市场交易活动等，并不具备解决纠纷的功能。在某一投诉发生之前，该单位可能不具有处理或化解投诉的实践经验。由于以上限制因素，单位运用单位小组式纠纷解决机制能突破该单位现有的科层划分，减少业务部门之间的相互推诿，使小组富有机动能力和灵活性，更便于单位查明纠纷事实真相。该单位的领导层或负责人也能通过选择小组成员的方式直接掌控小组的办案过程，督促小组尽快处置纠纷，保证案件事实信息的传播渠道通畅，将投诉的负面影响控制在最小范围内。

二、高效解决纠纷

单位小组式纠纷解决机制的实际运行过程高效且迅速，表现出明显的时间优势、效率优势。单位小组式纠纷解决机制的效率优势是相对于向法院提起诉讼、向公安机关报案等公力救济而言的。以诉讼为代表的公力救济具有耗时较长、程序要求严、证据要求标准高、证明要求标准高等特征，这些均是影响当事人选择救济方式的重要因素。在纠纷被新闻媒体和互联网社交平台曝光而引发社会舆论的关注后，投诉往往能在较短时间内被迅速化解，即便是耗时较长的案件也能在数月内得到解决。相对于向法院诉讼耗费的时长和判决结果的不确定性，运用单位小组式纠纷解决机制能高效化解纠纷。单位小组式纠纷解决机制的效率优势对于投诉方和被投诉方所属单位均具有吸引力。当大众关注纠纷时，被投诉方所属单位不得不以最快的速度平息纠纷，否则，被投诉方所属单位可能因怠于处理投诉而遭受由大众实施的连带责任惩罚——这是单位不能承受的。为了避免因被投诉方可能存在的违法犯罪行为惹火烧身，被投诉方所属单位有动力选择具有效率优势的单位小组式纠纷解决机制。

众所周知，公力救济方式强调程序正义，而单位小组式纠纷解决机制能够高效化解纠纷的优势凸显出该机制更倾向于追求实质正义的价值取向。对被投诉方所属单位而言，单位小组式纠纷解决机制的主要功能是平息纠纷引发的舆情；对于投诉方而言，单位小组式纠纷解决机制只是基于其自身力量的约束下，追求个人正义、个人私利的工具，他的个人目的可能并不高尚。单位小组式纠纷解决机制更倾向于追求实质正义，具有非程序性，而以司法救济为代表的公力救济更强调程序正义。在解决特定类型的纠纷上，不同的人有不同的价值偏好，有的人可能更注重实质正义，有的人可能更认同程序正义。在同等约束条件下，单位小组式纠纷解决机制表现出更倾向于追求实质正义的特点，对于偏好实质正义的人们更有吸引力。我们可以说投诉是信息经济学上所说的一个信息甄别机制，选择直接向被投诉方所属单位投诉的投诉方比选择公力救济的投诉方更偏好实质正义。

三、威慑潜在的违法犯罪行为

霍姆斯认为法律是对法官遭遇一系列事实时将如何行为的一种预测，波斯

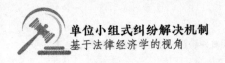
纳认为法律就是法官对案件所做的决定的观点。[①] 人们也是在单位小组式纠纷解决机制处理的一件件个案中感受法律在生活中是如何具体发挥作用的。

当投诉行为被大众媒体追踪报道和互联网社交平台热烈关注及单位运用单位小组式纠纷解决机制成功化纠纷后，社会大众从这一过程中习得了某些特定类型的纠纷的解决方式，慢慢认识到某一类纠纷可以借助投诉顺利解决。其他遭受了同样、同类违法犯罪行为侵害的人们可能会仿效新闻媒体上和互联网社交平台上看到的投诉方的博弈策略：向被投诉方所属单位进行投诉，与此同时也在新闻媒体和互联网社交平台曝光纠纷。缺乏处理类似投诉纠纷实践经验的相关单位也习得了应对策略：在遭遇因纠纷而引发的舆情危机时，迅速设立一个临时性的小组处理该纠纷。大众在相关单位解决投诉的过程中自发地接受了一场"普法教育"，也正是在这个意义上说人们处于"全民围观"[②] 的时代，"关注就是力量，围观就是压力"[③]。大众的"关注"和"围观"可能迫使潜在的违法犯罪分子在一段时间内不敢以身试法。

循此，我们便可以理解为何在短时间内关于某一特定类型纠纷暴增了，与此同时，我们有理由预见：由于某投诉行为曾引发了强烈的舆论关注和相关单位正面的、积极的回应，同类型的违法犯罪行为将在一定程度上、在一定期限内有所减少，潜在的同类型违法犯罪行为将被单位小组式纠纷解决机制威慑。因此，可以说单位小组式纠纷解决机制是公力救济的有益补充。

四、分流公权力机关的办案压力

单位小组式纠纷解决机制实际解决了一部分特定的类型纠纷，震慑了潜在的违法犯罪行为，进一步减轻了公检法等的办案压力，节约了宝贵的司法资源。

多元化纠纷解决机制本身的主要功能之一就是分流原本应当由公检法等公权力机构办理的案件。单位小组式纠纷解决机制适用的纠纷类型上呈现的规律性，主要表现为涉嫌侵犯他人知识产权、人格尊严、性自主权、生命健康和安全权、隐私权、涉嫌贪污罪、诈骗罪及故意伤害罪等。特别是涉及侵犯他人知识产权、性自主权的案件更容易引发投诉，这些纠纷在证据信息上呈现了两极

[①] 波斯纳：《法理学问题》，苏力译，中国政法大学出版社，2001年，第26～27页。

[②] 王怡红：《围观研究初探》，《新闻与传播研究》，2013年第8期，第5～28，126页。

[③] 笑蜀：《关注就是力量围观改变中国》，《南方周末（地方级）》，2010年1月14日第F29版。

分化趋势：在涉及侵犯他人知识产权的投诉中，投诉方自认为拥有足够的证据证明其正当权利受到了侵害，投诉方通过详细列出原作品和涉嫌侵权作品之间的相同或相似之处的方式而获取大众的支持，出于迅速解决纠纷的目的，投诉方选择向被投诉方所属单位投诉。通过详细列出原作品和涉嫌侵权作品之间的相同或相似之处的方式，投诉方认为已经完成了"举证责任"，显然，这种证明方式在诉讼法学理论和相关法律规定看来必然是不规范和不专业的。大众认可了投诉方简陋的举证方式。在涉及侵犯他人性自主权的投诉中，出于缺乏足够支持自身主张的证据等现实原因以及寄希望于通过投诉获得其他遭受相同侵权行为的受害者的支持的目的，投诉方可能不得不选择向被投诉方所属单位投诉。

当然，本书不能完全排除以下情形：不论有没有足够的证据，投诉方试图通过公开投诉，特别是在互联网社交平台上公开纠纷引发大众的关注，并寄希望于大众对被投诉方进行"道德审判"。即便是投诉活动最终不能导致被投诉方所属单位对被投诉方做出停职、开除等严厉的实质性处分，仅仅为了对被投诉方进行"道德审判"使被投诉方的道德评价遭受贬损，也能促使投诉方选择公开投诉，这无疑减轻了同一时期公检法等机关办理该类型案件的压力。当然，由于单位小组式纠纷解决机制能对潜在的违法犯罪分子产生威慑力，进而减少这类违法犯罪案件，这同样能减少公检法等机关的办案压力。

无论是前述哪种类型的投诉或纠纷，大部分都以较为合理的方式迅速得到化解，这无疑使得同一时期公检法等机关的办案压力有所减轻。单位小组式纠纷解决机制在高等院校、大型公司等领域有广泛的适用空间，例如单位小组式纠纷解决机制在抄袭等学术不端行为引发的投诉中被频繁使用。单位小组式纠纷解决机制在一些可能涉及刑事犯罪、可以适用刑事和解的纠纷中也发挥了积极作用。国家允许乃至鼓励单位小组式纠纷解决机制在"纠纷解决市场"继续存在使其发挥化解特定类型纠纷的比较优势，这能在一定程度上缓解长期困扰司法机关的"案多人少"的难题，节约宝贵的司法资源，减轻公检法等机关的办案压力。

五、避免或者减少单位自身的损失

被投诉方所属单位运用单位小组式纠纷解决机制能在一定程度上避免或者减少单位自身的损失，有时甚至能赢得社会舆论的支持。笔者进行仔细研究后发现，不同单位运用单位小组式纠纷解决机制处理投诉纠纷的实际效果有所不

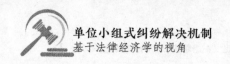

同：有的单位能够高效化解纠纷；有的单位不仅能使单位的处境转危为安，还能在社会大众那里赢得正面支持和声誉奖励。被投诉方所属单位以迅速成立小组的方式向投诉方、大众表明其对投诉的高度重视。被投诉方所属单位指派小组调查投诉内容是否属实并根据法律法规、内部规章等做出相应处理等一系列操作在平息投诉的同时还挽回了单位自身的社会形象，实现了被投诉方所属单位与被投诉方之间的"切割"，在最大程度上降低了自身遭受大众实施的连带责任惩罚的概率。在被投诉方所属单位处理投诉得当、及时的情况下，被投诉方所属单位还能赢得投诉方当事人和大众的信任、赞誉。即便最终不能完全消除大众的疑虑，该单位依据小组查明的事实和法律法规对相关当事人做出处理也能将因舆情紧张而产生的不利影响控制在一定范围内，减少或避免对自身的不利影响及其他潜在损失。

第二节　单位小组式纠纷解决机制的不足

虽然单位小组式纠纷解决机制在实际运行中解决了不少纠纷，但是，该机制远非完美。为了全面认识单位小组式纠纷解决机并为改善此机制指出方向，笔者还需要正视单位小组式纠纷解决机制的不足。

一、单位运用小组解决纠纷的能力有待提高

被投诉方所属单位及其设立的调查小组可能不具备解决纠纷的专业能力。现有案例表明被投诉方所属单位设立的小组主要成员往往来自领导层，与专业的公检法等机关的工作人员相比，他们可能缺乏调查纠纷事实真相的能力，可能不具备解决相关投诉纠纷所需的专业知识。波斯纳的相关研究发现直觉在司法决定中扮演了主要角色，而丰富的阅历和经验培养了法官的直觉；法官的个人阅历越广，就越少可能受到该案证据和论证的影响。[①] 单位所设小组的主要成员的阅历经验和法官的阅历、经验并不一致。对单位小组式纠纷解决机制的小组成员来说所处理的投诉内容较为陌生的话，就会增加单位及小组处置投诉的难度。

在运用单位小组式纠纷解决机制解决投诉纠纷时难免会遇到专业性的问

---

① 波斯纳：《法官如何思考》，北京大学出版社，2009年，第100～101页。

题，比如是否采纳投诉方所提供的证据材料，如何对纠纷事实真相进行调查及是否具备某一具体专业领域的相关知识等。对本书所研究的诸多纠纷进行比对可以发现很少看到具有专业知识的专家、律师、法律顾问、法官、警察等积极参与到被投诉方所属单位所设立的小组之中。与专业化的法院、公安机关、检察机关相比，被投诉方所属单位本身并非专业的纠纷解决机构，不具有解决相关纠纷所要求的专业知识和处理经验。即便与各类社会组织所进行的调解等社会救济相比，被投诉方所属单位在处理投诉方面的专业能力也相差很大。比如，有研究发现，专业性人民调解组织收费高、服务质量也高[①]，而单位小组式纠纷解决机制中的小组成员一般不具有专门的法律知识，可能不会因解决该投诉纠纷而获得额外的收益，亦不具有努力为投诉方、被投诉方服务的意识。因此，单位及其临时设立小组的纠纷解决能力仍有待提高。

尽管投诉方最终仍有权寻求公力救济，但是，公力救济难以约束被投诉方所属单位在单位小组式纠纷解决机制中滥用权力。单位有限的处理投诉能力与单位实际主导了投诉的解决之间形成了一定的紧张关系，单位有限的解决投诉能力、发现案件事实真相的能力及缺乏专业知识都有可能导致单位小组式纠纷解决机制不能有效解决投诉。

二、小组解决纠纷的过程缺乏透明度

由于被投诉方所属单位与被投诉方之间的特殊关系及被投诉方所属单位在纠纷中存在自身的利益诉求，被投诉方所属单位可能会借设立小组之名滥用调查权力或违法违规处理纠纷。国家允许某些被投诉方所属单位以单位小组式纠纷解决机制处理某些纠纷，实际上是让被投诉方所属单位等参与到"纠纷解决市场"之中。如若没有其他公权力机构的监督和相关法律的约束，允许被投诉方所属单位处理某些纠纷可能会出现权力滥用与腐败等问题。被投诉方所属单位有可能滥用权力和利用权力寻租。若以法院式的中立的第三方作为对比的参照系，被投诉方所属单位在单位小组式纠纷解决机制中难以被视为中立的第三方。被投诉方所属单位及被投诉方所属单位所设立的小组对投诉纠纷的调查过程往往不对外公开或者公开的内容十分有限，这导致小组调查投诉的过程缺乏透明度。总体上，小组的调查权力缺乏来自外部力量特别是来自公权力机关的

---

① 张西恒：《专业性人民调解付费模式二元论——以 A 市某区若干专业性人民调解组织为例》，《甘肃社会科学》，2018 年第 3 期，第 144～150 页。

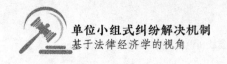

有效约束。

被投诉方所属单位惧于大众对其进行连带责任惩罚才采取设立小组的方式迅速处理投诉。但遗憾的是，大众的注意力是有限的。一旦舆论热度退去，社会大众往往不知道投诉的解决结果如何。大众有限的注意力常常会导致热点成为"烂尾新闻"。社会各界对"烂尾新闻"现象的批评很多①，严重的"烂尾新闻"妨碍了大众的知情权，最终导致投诉不了了之。社会大众注意力有限的问题是单位小组式纠纷解决机制在人性层面难以克服的硬约束。对于如何破解由"烂尾新闻"而导致的投诉处理结果不透明、不了了之的问题，笔者认为应该从制度出发，把单位小组式纠纷解决机制"合法化"，强制被投诉方所属单位在运用单位小组式纠纷解决机制时必须向大众主动公布必要的信息。除了散见于《中华人民共和国妇女权益保障法》《中华人民共和国高等教育法》和部分部门规章的零星规定赋予了人们在受到某些侵害时可以向特定单位进行投诉、申诉的权利，笔者发现法律法规对受害人向特定单位投诉、申诉的规定并不完善。目前，国家层面缺乏法定的程序规范规制单位小组式纠纷解决机制的运行过程。

三、单位小组式纠纷解决机制有苛刻的适用条件

本书在博弈论部分明确提出了单位小组式纠纷解决机制有效运行的适用前提：声誉罚。声誉罚是影响该单位决策的关键变量。由于声誉罚的存在，被投诉方所属单位极有可能因其职员可能的违法犯罪行为而连带地蒙受声誉上的贬损，该单位不得不积极化解相关纠纷。

一般而言，声誉罚机制发挥作用的前提是信息自由、充分的流动。② 在单位小组式纠纷解决机制中，投诉信息的自由充分流动的程度强烈依赖于投诉方运用修辞术的能力和通过新闻媒体和互联网社交平台吸引社会大众关注纠纷的能力。与寻求公力救济相比，投诉方通过新闻媒体和互联网社交平台曝光投诉的博弈策略对其运用修辞术和大众传媒的能力有着十分苛刻的要求。显然，并非所有的投诉纠纷都能吸引社会大众的注意力。一个投诉活动要想在各类信息

---

① 曾颖：《"烂尾新闻"常有，根在舆论监督外》，《新华每日电报（中央级）》，2013年1月22日第3版；陈世香：《"烂尾新闻"的套路与成因》，《新华月报》，2013年第12期，第54～55页；祝乃娟：《"烂尾新闻"现象需反思》，《21世纪经济报道》，2015年1月16日第4版。

② 吴元元：《信息基础、声誉机制与执法优化——食品安全治理的新视野》，《中国社会科学》，2012年第6期，第115～133，207～208页。

组成的汪洋大海中吸引社会舆论的强烈关注，投诉方要有利用大众传媒的能力，必须灵活地运用精湛的修辞术实现投诉信息的解码，赢得社会舆论的信任。即便投诉方有娴熟运用修辞术的能力，投诉行为也不必然引发社会大众的关注。也正是因为以上苛刻的适用条件，运用单位小组式纠纷解决机制的投诉纠纷多引发社会舆论的关注，这也是本书研究对象的共通之处。

四、单位小组式纠纷解决机制缩小公力救济的合法领域

由于目前没有明确的法律规范对被投诉方所属单位运用单位小组式纠纷解决机制的过程进行有效的约束，也没有公权力机构对单位小组式纠纷解决机制的运行过程进行有效的监督，当被投诉方所属单位不能依法、依规处理投诉之时，它必然会缩小公力救济的合法领域。

投诉方的投诉纠纷内容可能较为复杂，其纠纷内容可能同时包括民事纠纷、刑事纠纷。尽管刑事和解在当代中国的司法实践中已经得到一定应用，但是仍不能排除被投诉方所属单位为了单位自身的利益及被投诉方为了个人私利而用单位小组式纠纷解决机制逃避法律的惩罚。为了最小化投诉的不利影响，单位小组解决纠纷机制可能产生权力寻租等问题，被投诉方所属单位借助单位小组式纠纷解决机制处理涉及刑事的犯罪，这样必然会缩小公力救济的合法领域，最终破坏我国的法治建设。不同单位应对投诉的能力相差较大，有的被投诉方所属单位不能有效处理投诉反而进一步激化了矛盾，埋下了隐患。

五、单位小组式纠纷解决机制注重应急而疏于预防

小组是相关单位临时设立的组织，不能独立承担责任。小组在单位小组式纠纷解决机制中的主要功能仅限于解决某一个特定的投诉纠纷，而非预防同类型的纠纷。社会舆论的注意力是有限的，当热度褪去，人们可能不再对同样的投诉感兴趣，但是，该类投诉行为背后隐藏的社会矛盾却依然没有被根本治理。换言之，单位小组式纠纷解决机制可能会陷入类似"运动式执法"的怪圈。一旦出现投诉，被投诉方所属单位就设立"临危受命"的小组解决投诉。前文指出投诉方利用大众实施的连带责任惩罚迫使被投诉方所属单位不得不积极处理投诉，这一深层次的逻辑关系也可能被投诉方滥用，导致其无理取闹，

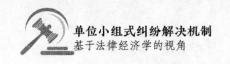

产生"按闹分配"的怪圈①，甚至陷入"大闹大解决、小闹小解决、不闹不解决"的恶性循环。②

"纠纷解决市场"自发产生的单位小组式纠纷解决机制过于强调应急性，其解决的投诉具有明显的突发性且只针对某几个特定的投诉类型。对被投诉方所属单位而言，平息紧张的舆情和处理突发的纠纷是成立小组的首要任务，然而，投诉活动暴露出来的矛盾可能只是同类型矛盾的冰山一角。待投诉得到化解后，举一反三、查缺补漏和预防同类型纠纷的工作可能并不能引起该单位足够的重视。投诉方滥用"按闹分配"的恶性循环将使得现有的"投诉方通过新闻媒体、互联网社交平台投诉违法行为维护自身合法权益，单位成立小组迅速处理纠纷"这一好的"纳什均衡"沦为一个坏的"纳什均衡"。我们必须补齐单位小组式纠纷解决机制在预防纠纷上的短板，采取措施强化小组在预防同类型纠纷上的制度角色，把该机制"关进制度的笼子"，使其真正达到一个好的制度所应当具有的恒常性、稳定性，最终促进社会的和谐。

六、被投诉方的正当声誉可能遭受难以恢复的损害

如果单位基于内容不实的投诉对被投诉方做出处理，被投诉方的正当声誉可能遭受难以恢复的损害，被投诉方的其他正当权益也可能受到侵害。比"按闹分配"更为过分和麻烦的是投诉方的投诉内容可能是不实的，甚至是凭空捏造的。当内容不实的投诉经过投诉方的表达方式在新闻媒体和互联网社交平台引发了社会舆论的强烈关注后，被投诉方所属单位可能急于撇清责任，与被投诉方划清界限，而不再关心投诉内容是否属实。在这种情形下，单位小组式纠纷解决机制完全"异化"为单位实现其与被投诉方"切割"的工具，投诉活动沦为投诉方向被投诉方进行打击报复、宣泄私愤的工具。

现实社会中必然存在投诉方借投诉之名而行侵害被投诉方正当权利之实的可能。笔者关心的是投诉活动中出现的案情"反转"问题：投诉方向外界提供的案件信息是经过精心裁剪的不完全信息，投诉方的投诉可能不实，甚至借投

① 所谓"按闹分配"是指"花样维权"层出不穷，"以闹维权"被一些人效仿，使维权行为陷入了比"创意"、拼"关注"的怪圈。晁星：《解决维权问题不能"按闹分配"》，《北京日报》，2019年4月26日第7版。

② 王郅强：《身体抗争：转型期利益冲突中的维权困境》，《探索》，2013年第5期，第53~58页；韩志明：《"大事化小"与"小事闹大"：大国治理的问题解决逻辑》，《南京社会科学》，2017年第7期，第64~72页。

诉之名打击报复。投诉纠纷的案情可能不停出现"反转"，甚至最终演变成一出"罗生门"。最为麻烦的问题是，相关当事人的正当声誉在短期内难以恢复如初。如果投诉内容不属实，待相关单位不当处理该投诉及大众对被投诉方做出"道德审判"后，被投诉方的正当声誉将难以恢复如初。媒体为了吸引眼球，可能会采取夸大事实、主观臆断、捕风捉影等方式报道投诉纠纷，大众可能基于不实的报道对被投诉方、被投诉方所属单位实施连带责任惩罚。显然，如果投诉方的投诉不属实且单位基于该不实投诉对被投诉方做出了处理，被投诉方就极有可能不接受、不认同单位的处理结果，最终可能会选择与其原工作单位及传播不实报道的相关媒体对簿公堂。

理论上，受到处分的被投诉方完全有权利诉诸司法救济方式，然而，仅仅有司法救济原则对于被投诉方的保障可能并不足够，特别是在声誉有损一旦发生，当事人已经遭受贬损的声誉难以恢复如初的现实约束下。被投诉方可能面临社会性死亡，所谓"社会性死亡"的本质即当事人的声誉遭受严重的贬损后难以恢复。人的本质是一切社会关系的总和，"我和你都深深嵌在这世界之中"[①]，当事人在遭受到声誉受损后，他的社会关系网将与之发生断裂，成为社会关系网中的一个单独的个体，社会不再与该被投诉人之间发生联系。虽然被投诉人的生物性肉体还在，但是，被投诉人的社会性价值荡然无存，被投诉人个体被社会"流放"。一旦声誉受损则难以恢复如初，如何确保单位小组式纠纷解决机制不被投诉方不当利用，沦为被投诉方所属单位实现其与被投诉方"切割"的工具是大家必须要思考的问题。被投诉方的正当声誉可能因为投诉方的不实投诉而遭受难以恢复的损害，为了单位小组式纠纷解决机制的稳健运行，如何恢复被投诉方的正当声誉也是该机制必须要解决的问题。

第三节　小结

单位小组式纠纷解决机制具有便利沟通科层组织，高效且迅速解决投诉纠纷，威慑潜在的违法犯罪行为，为公检法等公权力机关分流办案压力、节约宝贵的司法资源，避免或减少该被投诉方所属单位自身损失等诸多优点。与此同时，单位小组式纠纷解决机制在实际运行中也暴露了一些缺陷，主要表现为：单位运用小组解决纠纷的能力有待提高，小组解决纠纷的过程缺乏透明度，单

---

① 苏力：《我和你都深深嵌在这个世界之中》，《天涯》，1997 年第 6 期，第 36 页。

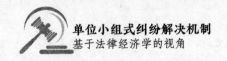

位小组式纠纷解决机制有苛刻的适用条件，单位小组式纠纷解决机制缩小公力救济的合法领域，单位小组式纠纷解决机制注重应急而疏于预防，被投诉方的正当声誉可能遭受难以恢复的损害。

第五章 单位小组式纠纷解决机制的改善措施

一些单位运用单位小组式纠纷解决机制成功化解了投诉纠纷，赢得了投诉方的认可和大众的赞誉，表明单位小组式纠纷解决机制是相关单位有效应对舆情危机的可行策略。单位小组式纠纷解决机制在"纠纷解决市场"发挥着重要作用，但是，我们也应当正视和努力完善它在运行过程中暴露的问题。前文列举了单位小组式纠纷解决机制在实际运行中暴露出的缺陷，本章将提出改进该机制的可行措施。

第一节 单位应成立更具有代表性和专业性的调查小组

为了使被投诉方所属单位更接近法院式的中立第三方，被投诉方所属单位应当成立更具有代表性的调查小组，而小组的组成人员应当包含代表不同群体利益的成员。被投诉方所属单位成立的小组在调查纠纷事实真相、处理投诉时既应当考虑投诉方的利益，也应当考虑被投诉方的利益。单位应在小组中适当引入律师、相关领域专家、公检法及纪检监察机构人员、大众等力量。

尽管在大多数现有纠纷中被投诉方确实因投诉行为而受到所属单位不同程度的处分，但是，并非所有引发社会大众强烈关注的投诉的处理结果都支持了投诉方的主张。投诉方亦可能借助投诉活动故意污蔑、诋毁被投诉方。笔者在此想强调，投诉方的投诉并非绝对真实，不排除投诉方借投诉之名追求个人利益的可能，甚至是追求不合理、不正当利益等情况。单位小组式纠纷解决机制在运行中会遭遇"虚假投诉问题"。为了兼顾投诉方、被投诉方的利益，在投诉方与被投诉方之间形成类似对抗制诉讼的局面，被投诉方所属单位设立的调查小组应吸收代表不同利益群体的成员加入。在实践中，有的被投诉方所属单位为了回应大众的质疑邀请网友代表参与到调查小组中。此外，除在一小部分纠纷中人们能够得知被投诉方所属单位所设立的小组有哪些成员之外，在大部

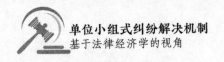

分纠纷中大众并不了解被投诉方所属单位设立小组的成员构成的具体情况。

在单位小组式纠纷解决机制中，由于被投诉方所属单位存在自身的利益诉求，被投诉方所属单位可能难以做到公平。因此，被投诉方所属单位及其成立的调查小组必须既应考虑投诉方的利益，也应当考虑被投诉方的利益。除此之外，还应要求被投诉方所属单位在小组和单位小组式纠纷解决机制中适当引入律师、相关领域专家、公检法及纪检监察机构人员等代表不同利益的力量。由律师、仲裁员、人民调解员、司法鉴定人、基层法律服务工作者、法律服务志愿者等构成的法律服务队伍，在保障双方合法权益、维护社会公平、化解社会矛盾纠纷、促进社会和谐等方面发挥着重要作用。① 在涉及单位小组式纠纷解决的过程中，我们没有发现专业律师参与投诉纠纷解决过程的相关信息。专业化的律师在单位小组式纠纷解决机制没有发挥出应有的作用。被投诉方所属单位在成立小组时引入专业的律师能够弥补该单位缺乏法律专业知识、调查纠纷事实真相能力不足、缺乏处理突发纠纷经验等短板。

以教育部等十一部门制定的《加强中小学生欺凌综合治理方案》为例，该方案要求学校成立由校长负责，教师、辅导员、教职工、社区工作者、家长代表、校外专家等组成的学生欺凌治理委员会。该委员会的成员构成已经考虑了专家因素，但是，该方案没有详细规定具体包括哪些专业领域的专家。针对校园欺凌的实际情况，相关单位可以考虑适当引入律师、行业专家、大众等力量来增强该委员会的专业能力和代表性。除此之外，为了避免单位借助小组解决纠纷机制越权处理涉及刑事犯罪案件而产生破坏法治的问题，还应当在被投诉方所属单位运用单位小组式纠纷解决机制的过程中适当引入公检法及纪检监察机构人员等公权力机关的力量，这也有利于增强单位小组式纠纷解决机制的合法性、专业性。

第二节　规范小组的调查行为和调查过程

为了规范被投诉方所属单位设立的小组的调查行为、调查过程，相关部门应当明确要求被投诉方所属单位公开小组的工作过程，依法依规化解纠纷，依法依规调查纠纷事实真相，依照法律法规和事实真相处理投诉纠纷。在调查过

---

① 《习近平法治思想概论》编写组：《习近平法治思想概论》，高等教育出版社，2021年，第227页。

程中发现涉嫌犯罪线索的，被投诉方所属单位应当及时报告公权力机关。被投诉方所属单位严重违反上述要求的，主管部门应当对被投诉方所属单位的责任人问责；被投诉方所属单位违反法律法规造成严重社会影响的，应当追究相关人员的法律责任。

非诉讼纠纷解决机制的实践不能脱离法治轨道，这是决定是否赋予非诉讼纠纷解决机制法律效力的根本前提①，对于单位小组式纠纷解决机制而言亦是如此。单位小组式纠纷解决机制必须提高处理程序的正式化程度。针对投诉现象频发、单位小组式纠纷解决机制适用领域广泛的优势，相关部门应出台规范单位小组式纠纷解决机制运行的意见或办法，依法依规对单位及小组的调查行为、调查过程进行规制。针对单位小组式纠纷解决机制中存在的小组调查行为、调查过程等工作过程不透明、公开程度低等问题，相关部门可以为被投诉方所属单位设定强制信息披露的义务，强制要求该单位向投诉方、被投诉方、大众通过新闻媒体和互联网社交平台等渠道及时、详细公布小组调查纠纷事实真相的过程。被投诉方所属单位及其成立的小组在对投诉展开调查时，应当依法依规调查纠纷事实真相，并且依据事实真相、法律法规、单位规章制度等对相关当事人做出处理。被投诉方所属单位对相关当事人做出处理时应当避免矫枉过正，避免仅仅因舆论压力而对被投诉方实施过于严重的处理。对于被投诉方，相关法律法规和单位制度规章还应当明确其有向其所属单位申诉或通过司法诉讼等寻求救济的权利。

禁止被投诉方所属单位借助小组处理投诉之名处理犯罪案件之实。被投诉方所属单位及其成立的小组在调查投诉过程中发现被投诉方涉嫌犯罪线索的，被投诉方所属单位应当将相关线索和被投诉方移交公权力机关。尽管被投诉方所属单位很可能和当地公安机关等公权力机关有密切的关系，以及被投诉方所属单位可能会主动邀请公安机关等参与到一些突发投诉的解决过程中，但是，单位邀请公安机关等公权力机关参与投诉的做法并非国家法律的强制性规定。为了避免被投诉方所属单位借小组处理纠纷之名处理被投诉方犯罪案件之实，相关部门应明确要求对于所处理纠纷内容中涉及刑事犯罪的，被投诉方所属单位及其成立的小组必须将其发现的涉及犯罪的线索主动报告公安、检察、监察等公权力机关。公安、检察、监察等公权力机关亦应当密切注意舆情动向，在发现被投诉方可能涉及犯罪时主动介入投诉的解决过程，并绝对禁止被投诉方所属单位借单位小组式纠纷解决机制的名义实际处理涉及严重刑事犯罪的投

---

① 齐树洁：《外国 ADR 制度新发展》，厦门大学出版社，2016 年，第 15 页。

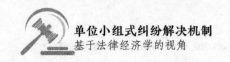

诉。如果被投诉方所属单位严重违反上述要求，被投诉方所属单位的主管部门可以对被投诉方所属单位的相关责任人进行行政问责；被投诉方所属单位违反法律法规造成严重社会影响的，相关部门应当追究涉事单位及相关人员的法律责任。

第三节　保留公权力机关介入纠纷解决的可能性

在单位小组式纠纷解决机制中应当保留公权力机关主动介入纠纷解决过程的可能性。公权力机关应主动监督被投诉方所属单位解决投诉纠纷的全过程。在投诉纠纷涉及严重刑事犯罪时，公权力机关必须居主导地位，而被投诉方所属单位的制度角色则是积极配合公权力机关侦办案件。

纠纷的实际内容可能是错综复杂的，可能既涉及民事纠纷也包括刑事犯罪。在相关单位运用单位小组式纠纷解决机制可能缺乏解决纠纷的专业能力和专业知识的情况下，公权力机关应当对相关单位运用单位小组式纠纷解决机制的全过程进行必要的监督，并保留介入纠纷解决过程的可能性。当纠纷内容有涉及刑事犯罪的，被投诉方所属单位必须将投诉纠纷移交公安、检察、监察等相关机关侦办。以教育部的《加强中小学生欺凌综合治理方案》为例，《加强中小学生欺凌综合治理方案》将中小学生欺凌认定为发生在校园内外、学生之间的身体伤害、财产损失、精神损害等，并且规定学生欺凌事件的处理以学校为主，由学校学生欺凌治理委员会对事件是否属于欺凌行为进行认定。考虑到国内中小学学校的现状，我国的中小学学校是否有能力对欺凌事件进行恰当的处理是令人怀疑的。现实情况表明，不同地区不同学校之间在处理欺凌事件上的能力千差万别，有的学校很可能没有能力对校园欺凌事件进行恰当处理，而不能被恰当处理的校园欺凌行为可能最终会酿成严重的后果。《加强中小学生欺凌综合治理方案》规定由学校单独认定、处理学生欺凌事件，忽视了公安机关、法院、检察机关等公权力机关在处理校园欺凌事件上的专业能力和经验优势。由学校单独认定和处理学生欺凌事件的规定，还存在学校控制此类型纠纷解决的嫌疑。因此，在校园欺凌纠纷的解决过程中，除要发挥中小学学校更了解纠纷双方状况、易掌握纠纷事实真相等优势外，还应当保留公检法等公权力机关主动介入纠纷解决过程的可能性，要求公权力机关监督被投诉方所属单位运用小组解决相关纠纷的过程。

此外，明确要求公权力机关监督被投诉方所属单位运用小组解决相关纠纷的过程，还能解决投诉方滥用投诉导致的"按闹分配"问题。我们还必须重视投诉方滥用投诉、无理取闹等问题，甚至因此而产生"按闹分配"的恶性循环。为了破除投诉方"按闹分配"的恶性循环问题，必须明确要求公权力机关有责任也有权力监督相关单位运用小组解决相关投诉纠纷的过程，必要时公权力机关应主导纠纷解决的全过程。比如，在现实社会中，在公共场合燃放鞭炮、播放哀乐、摆放花圈等"校闹"行为已经严重扰乱了教育机构正常的教学和管理秩序，教育部等部门已出台《教育部等五部门关于完善安全事故处理机制 维护学校教育教学秩序的意见》对恶劣的"校闹"行为进行规制。

第四节　增强单位小组式纠纷解决机制的预防功能

"纠纷解决市场"产生的单位小组式纠纷解决机制过于强调其应急功能，因此，国家有必要对单位小组式纠纷解决机制进行合理的规制：应当着重改善单位小组式纠纷解决机制疏于预防的短板。国家可以要求被投诉方所属单位采取有力措施强化小组预防同类型纠纷的功能，在必要时将小组设为常态化组织。

小组在单位小组式纠纷解决机制中的功能仅限于解决投诉纠纷，对于小组起到了多大程度上的预防纠纷功能，还有待数据佐证。由于社会舆论的注意力是有限的，当大众的注意力随着时间而淡化，投诉行为背后隐藏的同类型纠纷却未能得到根本治理。因此，单位小组式纠纷解决机制对同类型纠纷的威慑效果可能仅仅是暂时的。单位小组式纠纷解决机制还可能陷入类似"运动式执法"的怪圈：一旦有投诉发生并引发了大众的关注，被投诉方所属单位便表示迅速成立小组开展调查，然后紧接着对被投诉方做出处理。"纠纷解决市场"自发产生的单位小组式纠纷解决机制过于强调应急性，其解决的纠纷也具有明显的突发性。国家相关部门有必要对自发产生的单位小组式纠纷解决机制进行合理的规制，国家的规制措施目标应当是着重改善单位小组式纠纷解决机制重于应急、疏于预防的短板。

小组的首要任务是平息紧张的舆情和处理突发投诉，在投诉得到化解后，被投诉方所属单位还应当主动举一反三、查缺补漏和预防同类型纠纷。然而，期望相关单位主动举一反三、查缺补漏等无疑具有很大难度——对于相关单位

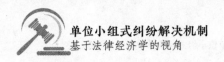

而言，未实际发生的潜在投诉可能仅仅是一个数值很小的"预期损失"①，更何况相关单位已经通过一次次的新闻报道习得了处理投诉的应对策略。总之，被投诉方所属单位没有主动预防同类型纠纷的动力。

相关单位的主管部门应当对被投诉方所属单位预防同类型纠纷的情况进行跟踪。前文提到单位小组式纠纷解决机制顺利解决的投诉纠纷呈现出类型化特征，鉴于此，以高等院校、大型公司为代表的单位可以将单位小组式纠纷解决机制常态化。对于发生频率较高的特定纠纷，国家相关部门可以考虑出台针对特定类型纠纷的规制办法，要求被投诉方所属单位设立常态化的、制度化的小组。教育部等部门制定的《加强中小学生欺凌综合治理方案》要求学校根据实际情况成立由多人员组成的学生欺凌治理委员会处理校园欺凌事件，此即国家主动要求被投诉方所属单位建立常态化纠纷解决机制的一个例子。

第五节　为当事人提供主动寻求公权力救济的便利途径

即便是国家给予单位小组式纠纷解决机制运行空间，为了避免该机制被滥用，以及为了让其与公力救济在"纠纷解决市场"中形成良性的互补，国家法律法规和相关部门还应当明确投诉人有权选择直接寻求公力救济，为投诉方和被投诉方设置主动寻求公权力救济的途径。为了避免单位小组式纠纷解决机制的异化，更应当赋予被投诉方直接寻求公力救济的权利。

公力救济、社会救济、私力救济在纠纷解决领域已经构成了一个尽管并非完全互补但仍存在一定互补关系的"纠纷解决市场"。除禁止被投诉方所属单位借单位小组式纠纷解决机制的名义控制某些特定类型纠纷外，国家相关部门还应当明确投诉人有权利自主选择何种纠纷解决方式，明确投诉人有直接寻求公力救济。国家法律法规和相关部门还可以通过在特定纠纷类型上合理分配举证责任、提高审判效率、向弱势群体提供保护等方式努力营造多种纠纷解决方式相互竞争的制度环境。单位小组式纠纷解决机制在涉及性骚扰乃至性侵的纠纷中被广泛应用。《中华人民共和国妇女权益保障法》第四十条规定："禁止对妇女实施性骚扰。受害妇女有权向单位和有关机关投诉。"《中华人民共和国妇

---

① 如果投诉纠纷以一定的概率 P 发生，投诉纠纷造成的实际损失为 L，投诉纠纷的"预期损失"＝投诉纠纷造成的实际损失 L×投诉纠纷发生的概率 P，即预期损失等于实际损失的大小乘以该损失发生的概率。

女权益保障法》第五十二条规定："妇女的合法权益受到侵害的，有权要求有关部门依法处理，或者依法向仲裁机构申请仲裁，或者向人民法院起诉。对有经济困难需要法律援助或者司法救助的妇女，当地法律援助机构或者人民法院应当给予帮助，依法为其提供法律援助或者司法救助。"尽管相关法律规定了受害妇女向有关单位、机关投诉，以及向法院提起诉讼的权利，但是，相对于频发的性骚扰和性侵案件，现有法律规定在保障广大妇女的性自主权利上仍然捉襟见肘，缺乏具体的认定标准和操作流程。对美国性骚扰纠纷案件的研究表明，由于要求雇主采取措施治理性骚扰成本低且有效，因而可以基于代理责任将雇主作为被告一方正当当事人。在性骚扰案件中，注重妥善运用品格证据和合理分配举证责任以减轻受害人的证明成本。[①] 笔者认为为了有效解决涉性骚扰性侵的投诉，不但要明确界定性骚扰的相关概念和责任，而且在举证责任分配上也应当给予女性一定程度的倾斜。

第六节　小结

单位小组式纠纷解决机制的普遍应用表明了它在"纠纷解决市场"上发挥着十分重要的作用，但是，我们也应当努力采取措施减少、避免其暴露的问题。笔者认为应当从以下几个方面着手改善单位小组式纠纷解决机制：被投诉方所属单位应当成立更具有代表性的小组；应当要求单位及其小组依法依规调查纠纷事实真相，规范小组的调查行为和调查过程，依照法律法规和事实真相处理投诉纠纷，公开小组的工作过程；公权力机关应当对单位运用单位小组式纠纷解决机制的全过程进行监督，并保留介入纠纷解决过程的可能性；应当为投诉方设定主动向公权力寻求救济的便利途径。

---

① 骆东平：《美国性骚扰纠纷解决机制研究》，《环球法律评论》，2010 年第 1 期，第 83～90 页。

第六章　结语

为什么本书以博弈论作为分析工具而不采用传统的法解释学、法教义学研究范式？笔者认为采用一般的逻辑分析在效果上也能认识投诉方与被投诉方所属单位之间的互动过程：对于双方当事人而言，只要相关单位惧怕由大众对该单位实施的连带责任惩罚，投诉方就有动力通过新闻媒体和互联网社交平台投诉。本书选择博弈论作为分析工具最重要的原因是博弈论能恰当地展示投诉方和被投诉方所属单位之间的互动过程，揭示双方动态博弈的核心：投诉方和被投诉方所属单位之间动态博弈的核心问题是威胁的可置信与否。当投诉方具备一定的表达能力时，投诉方可以通过新闻媒体和互联网社交平台曝光纠纷，对于被投诉方所属单位是一个"可置信的威胁"。

鉴于诸多单位临时设立小组解决投诉纠纷的现象逐渐增多，本书从被投诉方所属单位应对投诉的过程中提炼出"单位小组式纠纷解决机制"这一具有共性的学术概念。本书将单位小组式纠纷解决机制定义为某单位在面对投诉方提出的、针对本单位所属人员的投诉纠纷时，选择成立临时性小组调查纠纷事实真相并依据小组调查结论处理该纠纷的机制。因此，单位小组式纠纷解决机制首先是一种纠纷解决机制。

本书通过动态博弈分析发现，单位小组式纠纷解决机制是投诉方、被投诉方、被投诉方所属单位三方之间动态博弈的结果。对于投诉方和被投诉方所属单位之间的博弈而言，最核心的问题不是信息不对称的问题，而是威胁的可置信与否的问题。被投诉方所属单位是否具有事实真相的相关信息并不影响被投诉方所属单位在博弈中的策略选择。被投诉方所属单位与被投诉方之间存在管理与被管理的关系，大众由于被投诉方可能存在的涉嫌违法犯罪而对其所属单位自发实施连带责任惩罚。即便是被投诉方所属单位不确定被投诉方是否实际上侵害了投诉方的正当权利，当投诉方通过新闻媒体和互联网社交平台引发舆论关注时，被投诉方所属单位不得不迅速成立小组及时处理投诉。

笔者认为公力救济、社会救济、私力救济等各类纠纷解决方式共同构成了一个虚拟的"纠纷解决市场"。单位小组式纠纷解决机制的广泛应用表明，它与国家法定的公力救济方式在某些领域依然形成了竞争关系。多元化纠纷解决机制是对诉讼之外的非诉讼纠纷解决程序或机制的总称，据此可知，单位小组式纠纷解决机制是多元化纠纷解决机制的一种。单位小组式纠纷解决机制是"纠纷解决市场"自然形成的"自发秩序"，而非国家有意设计的结果，这使得该机制具有明显的私力救济属性，但也必然包含了公权力因素。单位小组式纠纷解决机制与公力救济之间在"纠纷解决市场"上形成了兼具竞争、补充的关系。本书还对单位小组式纠纷解决机制的比较优势和不足进行了分析，并提出了改进单位小组式纠纷解决机制的可行措施。

参考文献

陈柏峰. 信访制度的功能及其法治化改革 [J]. 中外法学, 2016 (5): 1187—1205.

陈瑞华. 刑事诉讼的私力合作模式——刑事和解在中国的兴起 [J]. 中国法学, 2006 (5): 15—30.

戴治勇. 选择性执法 [J]. 法学研究, 2008 (4): 28—35.

翟羽艳. 私力救济理论研究 [D]. 哈尔滨: 黑龙江大学, 2010.

范愉, 李浩. 纠纷解决: 理论、制度与技能 [M]. 北京: 清华大学出版社, 2010.

范愉. 非诉讼程序 (ADR) 教程 [M]. 北京: 中国人民大学出版社, 2020.

范愉. 私力救济考 [J]. 江苏社会科学, 2007 (6): 85—90.

范愉. 诉讼社会与无讼社会的辨析和启示——纠纷解决机制中的国家与社会 [J]. 法学家, 2013 (1): 1—14, 176.

郭星华. 当代中国纠纷解决机制的转型 [J]. 中国人民大学学报, 2016 (5): 105—112.

波斯纳. 超越法律 [M]. 苏力, 译, 北京: 中国政法大学出版社, 2001.

龙飞. 多元化纠纷解决机制立法的定位与路径思考——以四个地方条例的比较为视角 [J]. 华东政法大学学报, 2018 (3): 107—116.

桑本谦. 公共惩罚与私人惩罚的互动——一个解读法律制度的新视角 [J]. 法制与社会发展, 2005 (5): 104—114.

桑本谦. 理论法学的迷雾: 以轰动案例为素材 [M]. 2 版. 北京: 法律出版社, 2015.

桑本谦. 私人之间的监控与惩罚 [D]. 济南: 山东大学, 2005.

苏力. 制度是如何形成的 (增订版) [M]. 北京: 北京大学出版社, 2007.

吴元元. 信息基础、声誉机制与执法优化——食品安全治理的新视野 [J]. 中国社会科学, 2012 (6): 115—133, 207—208.

吴元元. 信息能力与压力型立法 [J]. 中国社会科学，2010（1）：147－159.

徐昕. 论私力救济 [D]. 北京：清华大学，2003.

杨丽萍. 从非单位到单位——上海非单位人群组织化研究（1949—1962）[D].
　上海：华东师范大学，2006.

后 记

　　本书是在我的博士学位论文的基础上修改而成的。我的博士学位论文是在导师吴元元教授的悉心指导下完成的，从开题到完成初稿历时一年多，漫长的写作过程包括了拟定大纲、搜集材料、阅读文献等一系列工作。

　　我时常想起吴老师的谆谆教导：做学术研究要善于发现日常生活中的反常之处，要带着理论的眼光观察我们所处的世界。我平时浏览新闻时频频见到各式各样的纠纷，心中疑窦丛生：现代社会的劳动分工越来越细化，法院是社会公认的纠纷解决机构，而被投诉方所属单位可能是一所学校、一家医疗机构或一家公司，它们是非专业的纠纷解决机构，投诉方在自认为权利或利益受到侵害时为什么不向法院提起诉讼而是向被投诉方所属单位投诉？不仅如此，被投诉方所属单位在面临针对其员工——而非针对单位本身——的投诉时没有不闻不问，反而积极回应，设立临时小组处理投诉。这些日常生活中的现象吸引着笔者进行探索。

　　写作学位论文的过程并非一帆风顺。漫长的写作过程为我提供了充足的思考时间，理清写作思路。我的专业是法律经济学，本书从法律经济学的进路切入单位小组式纠纷解决机制。鉴于法律经济学本身的交叉学科、跨学科特点，在写作过程中如何平衡经济学和法学的研究范式、如何兼顾经济学研究者和法学研究者差异化的阅读偏好问题着实耗费了我一些精力。

　　在这个个人权利意识逐步觉醒的时代，投诉方向被投诉方所属单位的投诉是学术研究不得不予以认真思考和回应的一种纠纷，但愿本书能为有效预防和妥善解决层出不穷的投诉现象提供有益的智识。

　　十年一觉柳林梦，我要向太多太多人表达我的感谢。首先，我要感谢我的论文指导老师吴元元教授。读本科时，在旁听了一次吴老师给法学院本科生上的法律社会学课程之后，我就被老师的才气吸引。我感谢吴老师接收资质平庸、天生愚钝的我，感谢吴老师在教授我专业知识的同时也教导我做人做事、为人处世的道理，这些学术上的真知和生活上的智慧将继续指引我前行。其次，我要感谢西南财经大学法学院高晋康教授、鲁篱教授、吴越教授、辜明安教授、戴治勇教授、王伦刚教授在论文开题等阶段所提出的宝贵意见，感谢四川省社会科学院侯水平教授、西南民族大学法学院周洪波教授、电子科技大学公共管理学院吴卫军教授在论文预答辩阶段提出的修改意见，感谢由周友苏教授、徐继敏教授、蔡晓陈教授、鲁篱教授、戴治勇教授组成的答辩委员会提出的宝贵意见。再次，我要感谢我的父母。三十多年来，他们默默忍受着生活的重压和苦难，他们永远不变的正直、善良、勤劳、坚韧激励着我。何时能反哺，供养白头乌？一叹！最后，我要感谢外公外婆和岳父岳母对我的全力支持，感谢爱妻潇潇对我的细心呵护和照顾，感谢姐姐、妹妹、弟弟这些年承担的家庭责任，感谢之湘哥多年来的爱护和帮助。漫长求学路上还有太多太多的人需要感谢，实难在此详细罗列。生活不易，愿你我不忘初心，继续前行！

米传振

于柳林博学园

2022 年 1 月 9 日